즐기며 받아쓰는 詩 창작법

• 김순진 •

즐기며 받아쓰는 詩 창작법

• 김순진 •

시인다운 시인이 되는 길

시쓰기란 고통의 산물이 아니라
즐거운 놀이이며 사물과의 대화이다
시란 머리를 짜내 짓는 것이 아니라
사물의 말을 받아쓰는 것이다

문학공원

『즐기며 받아쓰는 詩창작법』 삼판을 내며

　안녕하세요. ≪스토리문학≫을 발행하고 있는 김순진 시인입니다. 제가 여러분의 성원에 힘입어 제가 시창작 강의를 시작한 지 20여 년이 되었고, 고려대 평생교육원에서 시창작을 강의한지 벌써 15년이 되었습니다. 제가 ≪스토리문학≫을 창간한 지도 어언 20년이 되었고, 제가 운영하는 도서출판 문학공원 출판사에서 출간한 책도 1천여 종에 이릅니다. 이는 모두 여러분들의 성원 덕분이라 생각하며 머리 숙여 감사의 인사를 올립니다.
　신은 우리에게 '어디로 가느냐?'고 묻지 않습니다. 우리만이 신에게 '신이시어 어떻게 하오리까?'라고 묻습니다. 왜냐하면 신이 만들어놓은 이 세상에 우리조차 피조물이기 때문에 우리가 금을 긋고 소유권을 주장할 일은 하나도 없습니다. 땅과 하늘과 바다와 물속은 생각과 같은 것이라서 생각이 그곳에 미치는 자의 소유입니다. 새는 날아가는 그 순간 그 공간을 소유합니다. 바람이 하늘을 소유하고 있다는 것을 우리는 태풍이나 구름의 이동으로 볼 수 있습니다. 바람이 지나가고 나면 그 공간은 나무의 소유거나 달빛의 소유가 되며 또한 무소유자들의 소유가 됩니다. 어둠의 소유가 되기도 하고, 태양의 소유가 되기도 하며 새의 소유가 되기도 합니다. 사람들은 자칫

이 세상 모든 것은 사람의 소유라는 착각 속에 빠지기 쉽습니다.

그런데 그렇지 않아요. 우리는 인류와 지구를 지나가고 역사와 지금을 지나가는 사람들이기 때문에 무엇을 소유할 수 없습니다. 우리는 자녀도 아내도 남편도 그리고 집도, 통장에 있는 돈도 내 것이 아니라 잠시 내 곁에 머물러 있는 것이며, 그들 자신의 것임을 이해한다면 없다고 속상하고 외롭다고 비관하지 않는 방법을 터득할 것입니다.

이제 '얼마만큼 자기 시간을 가지느냐'에 역점을 두어야 합니다. 가진 자를 가늠하는 척도는 재산이나 지식이 아니라 동심이나 나눔입니다. 어떤 사람은 가진 것도 별로 없는데 왜 그렇게 당당한지 모릅니다. 눈이 부리부리 빛나는 눈이어서 빠져들게 합니다. 재물을 소유해서가 아니라 자신감을 소유했기 때문입니다. 또 어떤 사람은 아이처럼 천진스럽고 그윽한 눈을 가지고 있습니다. 늙었는데도 마치 소년 소녀 같은 사람이 있습니다. 동심을 소유했기 때문입니다. 그런 사람은 긍정적인 생각과 물이 흐르는 것과 같은 순리를 택해온 사람입니다. 그런 사람 옆에만 가도 행복감을 느끼게 됩니다. 그런 사람은 평소에 아름다운 마음씨를 지속적으로 견지해오고 있었기 때문에 그렇습니다.

부자라는 말은 지극히 경계가 모호한 말입니다. 지금 저는 갑부입니다. 어릴 때 동네에는 TV 한 대 없이 살았습니다. 그런데 우리 집에는 방마다 TV가 있습니다. 1990년대 공장에 다닐 때 공장 사장이 카폰(냉장고폰)을 사 가지고 와 자랑한 적이 있습니다. 그런데 저는 그 사장보다 100배는 좋은 스마트폰을 가지고 있습니다. 저는 자동차를 가지고 있으며 옛날에는 성공한 사람들만 입던 비싼 옷을 날마다 입고 다닙니다. 그런데도 부자 소리를 못 듣습니다. 부자라는 말은 자신이 느끼는 척도지 결코 남과의 비교에 의해 드러나는 말이 아닙니다. 우리 스스로를 부자로 만들어줄 수 있는 방법은 여유와 사랑입니다. 마음의 여유를 가지고 그윽한 눈으로 사물을 바라보면 어느새 나는 행복한 마음을 가질 수 있습니다.

　부자가 되는 것만이 최선의 인생은 아닙니다. 그럼 최선은 무엇일까요? 자기가 하고 싶은 일을 하며 사는 겁니다. 시를 쓰고 싶으면 시를 쓰고, 그림을 그리고 싶으면 그림을 그리고, 기타를 치고 싶으면 기타를 치며, 여행하고 싶으면 여행을 하는 것입니다. 그렇게 자기가 하고 싶은 일을 하는 것이 자기의 인생입니다.

　우리에겐 시간이 너무도 많이 남아있습니다. 살아온 날들을 되돌아보면 얼마 남지 않은 것 같지만, 우리가 100살을 산다고 가정할 때, 나만의 시간이 최소 10년에서 4~50년 남은 것입니다. 10년만 열심히 하면 최고가 될 수 있는데 어떻게 하실 건가요? 그동안 가정환경 때문에, 벌어 먹고 사느라, 부모님의 반대로 못하였다고 변명만 하실 건가요? 아니면 이제라도 못해본 것을 마음껏 해보며 사실 건가요? 이젠 부모님이 시킨 인생, 가족을 위해 살아온 인생, 자식을 위한 인생이 아니라 내 인생, 나만의 인생을 사셔야 합니다.

　저는 정말 어려운 인생을 살아왔습니다. 그러나 저만큼 행복하게 살아온 사람도 드뭅니다. 먹고 사는 것에 급급해하지 마세요. 즐기면서 사는 방법을 택해보세요. 어떤 사람은 낚시만 하면서도 돈을 벌고, 어떤 사람은 여행만 하면서도 돈을 법니다. 어떤 사람은 먹는 것만으로도 돈을 벌고 어떤 사람은 놀면서 글을 써서 돈을 법니다.

어떻게 하시겠어요. 내가 좋아하는 걸 택하시겠습니까. 건물이나 옷에 인생을 희생하시겠습니까?

  제가 여러분께 강의하고, 이런 시창작법의 책을 펴내는 데는 그리 큰 이념이나 주장이 없습니다. 제가 강의하는 이유는 저처럼 힘들고 어려운 삶을 살아오신 분께 용기를 드리고 싶어서입니다. 늦게 시작하는 분들에게 지금 시작해도 충분히 잘 쓰실 수 있다고 용기를 드리고 싶습니다. 시는 학벌, 물질, 지위, 나이, 성별과는 무관하다고 말씀드리고 싶습니다.

  에베레스트산을 오르는 방법과 뒷산을 오르는 방법은 똑같습니다. 한 발 한 발 올라가야만 정상을 밟을 수 있습니다. 물론 에베레스트산을 오르려면 좋은 장비와 옷, 그리고 체력이 필요하겠지만, 그것보다 먼저 필요한 것은 '할 수 있다'는 용기의 마음가짐과 그곳을 향하여 출발하여야 하는 것입니다. 신춘문예에 당선하고 싶다면 시작하세요. 좋은 시를 써서 상을 받고 싶다면 시작하세요. 시집을 내고 싶다면 시작하세요. 설악산행 열차에 올라타든지 승용차를 몰고 떠나지 않으면 설악산을 오를 수는 없습니다.

  인생이 얼마 남지 않았다고 걱정하는 사이에도 시간은 지나갑니다. 인생은 과정이지 목적이 아닙니다. 지금 시작하세요. 그러면 행복해집니다. 제가 응원하겠습니다.

2025년 봄

김 순 진 배상

CONTENTS

개요
제1강 시란 무엇인가 · 12
제2강 나도 시를 쓸 수 있을까 · 36
제3강 나는 시를 이렇게 쓴다 · 58

접근
제4강 시창작이란 무엇인가 · 74
제5강 漢字 詩를 통한 시의 해석 · 102

인칭
제6강 1인칭 은유심상법 · 142
제7강 2인칭 은유심상법 · 156
제8강 3인칭 은유심상법 · 162

방법
제9강 묘사심상법 · 170
제10강 성찰심상법 · 188
제11강 관찰심상법 · 200
제12강 상상심상법 · 224
제13강 인유와 패러디 · 240

수사
제14강 어조란 무엇인가 · 252
제15강 비유(比喩)란 무엇인가 · 268

제1강 시란 무엇인가

제1강 시란 무엇인가

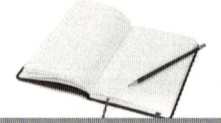

　시란 무엇일까요? 시는 우아한 감정의 표현일까요? 시는 민간 역사의 기술일까요? 시란 지식노동일까요? 시는 고뇌의 산물일까요? 모두 조금씩 맞는 말이지만 정답은 아니라고 생각합니다. 물론 인생의 정답이 없듯이 시의 정답도 없고, 시의 정의도 엄연한 관점에서 보면 맞지 않습니다. 그러나 저는 시쓰기가 적어도 나에게 고통을 주거나 짐이 되어서는 안 된다고 생각합니다. 시는 놀이이며 즐거움이며 삶이 되어야 한다고 생각합니다.

　저를 가르치신 중앙대 함동선 교수님을 우리 《스토리문학》 행사에 초대하여 축사를 부탁드리면 "문학에는 장르가 많은데 왜 그렇게 어려운 시를 택했느냐?"고 물어보십니다. 물론 시를 써나간다는 일은 매우 어려운 작업입니다. 그러나 시가 자신의 삶에 발목을 잡거나 시 때문에 고통을 겪는다면 그런 시는 당장 내버려도 좋습니다. 시는 친구이며 밥이며 삶이어야 합니다. 물론 시를 써서 밥벌이하는 전업 시인이면 좋겠지만 시인들의 대부분은 선생이거나 노동자, 상인 등 다양한 직업을 가지고 있습니다. 그만큼 시를 써 생활을 한다는 것은 어려운 일이지요?

　왜 그럴까요? 그 이유는 詩人이라는 말에 들어있습니다. 이 세상에 사람의 호칭에 人자를 붙이는 경우는 매우 드뭅니다. 성인, 철인, 시인 등 극히 몇 가지 호칭에만 人자가 붙어 있습니다. 그리고 대부분은 士자나 家자가 붙어 있습니다. 공부해서 시험을 보고 얻어지는 의사, 박사, 교사, 변호사, 공인중개사, 변리사, 회계사, 노인건강지도사 등과 같이 士가 붙어있든지, 오랜 시간의 습작기간을 거쳐 노력으로 만들어지는 소설가, 수필가, 화가, 서예가, 조각가, 자유기고가 같은 家자가 붙어있는 사람들이 그들입니다. 그들은 모두 금전에 목적을 두지만, 앞서 말한 성인, 철인, 시인 등은 돈보다는 인류에 대한 걱정과 자신의 수양에 목적을 둔 사람들입니다.

　인간이 이 땅에 태어났다가 죽는 것은 누구나 똑같습니다. 그런데 어떤 사람은 자기만 생각합니다. 우리는 그런 사람을 이기적인 사람이라 말합니다. 어떤 사람은 가족만 생각합니다. 우리는 그런 사람을 가정적인 사람이라 말합니다. 어떤 사람은 어떤 인간의 삶이 나아질까에 걱정합니다. 우리는 그런 사람을 박애적인 사람이라 말합니다.

　시인은 자신의 행복보다 공동의 행복을 위해 글을 씁니다. 물론 글을 쓰는 과정에서 개인의 행복이 창출되긴 하지만, 그런 과정을 거쳐서 공동의 행복이 만들어집니다. 시인은 먹고 사는 일, 즉 이윤추구보다는 행복추구 쪽에 가깝습니다. 요즘 대학에서는 철학과가 거의 없어졌습니다. 국문학과도 사라지고 있는 실정이며 문예창작학과는 몇 학교만 운영하고 있는 실태입니다. 대부분의 학생들이 돈벌이를 목적으로 공부합니다. 그것은 이 사회가 만든 매뉴얼이기도 합니다. 그렇게 우리 인간의 존엄성과 인간성 회복은 생각지 않고 돈벌이를 하는 사람들이 많아짐에 따라 사회는 더욱 각박해져 갑니다. 그런 사회일수록 시 쓰는 사람이 더욱 절실히 필요해집니다.

(1) 시는 사람다운 사람이 쓴다

　시의 어원을 찾아보면 '시는 사람이 쓴다'고 나와 있습니다. 참으로 기가 막힌 말입니다. '사람이 쓴다'니? '그럼 짐승도 시를 쓸 수 있나?'라는 반문을 할 수 있을 것입니다. '사람이 쓴다'는 말은 사람다운 사람, 즉 따스한 가슴을 지닌 사람만이 쓸 수 있다는 말입니다.
　우리는 시를 쓰면서 '시란 무엇인가?'란 질문을 수없이 받아왔고 수없이 해댑니다. 발생설로 들어가서 '시는 사람만이 쓰는 것'이라는 말이 있습니다. 원시인들은 문자가 생겨나기 전(시를 쓰기 전)에 "우우우, 와와와!"하면서 막대 통을 두드리고 발을 맞추며 주술적인 노래를 불렀습니다. 같은 패턴으로 노래했으니 그것이 '시창작(詩創作)' 행위의 최초라 할 수 있지요. 노래는 부르는 사람마다 다른 음률로 이루어진 예술입니다. 그런 점에서 노래는 사람만이 할 수 있는 것입니다. 참새나 꾀꼬리, 십자매나 소쩍새는 그 종에 따라 같은 소리만을 반복하지만, 노래는 부르는 사람의 감정이나 목소리의 톤에 따라 그때그때 다릅니다. 음치도 있고 고음을 잘 내는 사람도 있으며 눈물 나게 부르는 사람도 있고, 우스꽝스럽게 부르는 사람도 있습니다. 그렇게 노래가 짐승들의 음성과 구분되듯 시 역시 매번 다른 감정과 다른 환경에 놓이기 때문에 달라집니다. 하여 시는 사람만이 쓴다고 말하는 것이에요.
　'그럼 시를 사람이 쓰지, 소돼지가 쓰느냐?'는 말로 반문할 수 있습니다. 많은 사람들이 그러한 견해를 가졌지만, 필자는 그에 대하여 생각을 달리합니다. 시가 사람만이 쓰는 것이라는 말은 불변성의 원칙입니다. 아무리 사람의 말을 흉내 낼 수 있는 앵무새도 시를 읊거나 쓰지는 못합니다. 언젠가 말하는 코끼리가 있다고 해서 화제가 된 적이 있습니다. 그 코끼리는 열여섯 살 먹은 '코식이'란 이름의 코끼리인데 중년 남성 음대와 비슷한 소리로 '좋아, 안 돼, 누워, 아직, 발, 앉아, 예' 등의 7~8마디의 단어를 구사한다고 합니다. 그러나 그 코끼리나 앵무새도 시를 쓸 수는 없습니다. 최근에 이세돌을 이긴 AI도 시를 쓸 수는 있을 것 같습니다. 그러니 가슴 따스한 시, 이별에 가슴이 저리는 시, 고독에 뼈를 깎는 시는 써내지 못할 것입니다. 따스한 마음이 없는 짐승이나 기계는 시를 쓰지 못한다는 말로 풀이할 수 있습니다.

그렇다면 '사람만이 시를 쓴다.'는 것은 무슨 뜻인가요. 나는 '사람다운 사람만이 시를 쓴다.'는 말로 해석하려 합니다. 다시 말해서 '시인이 가지고 있는 감수성 내지 양심은 사람다워야 한다.'는 말로 되풀이할 수 있습니다. 사람답다는 말은 무엇일까요? 사람은 수많은 동물 중 유일하게 자신이 한 일에 대하여 반성을 할 줄 아는 동물입니다. 개도 고양이도 원숭이도 앵무새도 코끼리도 사람의 행동을 따라서 할 수는 있지만 반성하지 않습니다. 그렇다면 시에 있어 가장 중요한 기능은 성찰의 기능이 아닐까요? 자아를 발견하여 희망으로 이어가려는 노력이 사람들이 시를 쓰고 읽는 목적이 아닐까 하는 생각을 해봅니다.

사람에 대하여 크게 생각할 때 육체와 정신으로 양분된다고 한다면, 육체는 먹고 싸며 육체만 위해서 봉사하지만, 정신은 육체를 지탱해주는 큰 힘이 될 뿐만 아니라, 건강한 사회를 이루는 원동력이 됩니다. '건강한 육체에 건전한 정신이 깃든다.'는 말이 있습니다. 그것은 건강을 지켜서 좋은 생각을 하자는 말입니다. 그러나 '건전한 정신이 있을 때 건강을 지킬 수 있다.'는 말에 앞서는 말인가 의심됩니다. 정신이상자들이 원만한 육체를 지니고 있는가? 정신이상자들이 좋은 시를 써낼 수 있을까요?

흔히 '문학은 허구다.'라고 말합니다. 문학을 미사여구를 늘어놓는 언어의 조합이라고 비하하는 사람도 있습니다. 시는 미사여구도 허구도 아닌 세월을 살아오는 과정에서 느끼고 본 것을 옮겨 적은 언어라고 봐도 좋을 것 같습니다. 어쨌든 시는 체험을 모체로 하는 학문이라 할 수 있기에 시를 접하는 사람이라면 누구나 일상적인 언어들을 사용하면서도 그 깊이가 절절한 시들이 가슴에 와 닿는 것은 당연한 일입니다. 그러나 시가 체험만을 대상으로 삼는다면 그 연령대의 시는 모두 대동소이해질 수 있습니다. 그래서 시는 다양성을 요구합니다. 그럼 어떻게 써야 할까요?

시를 쓰는 일은 나를 알아가는 과정, 그리고 거듭나는 과정입니다. 시 쓰기란 고통의 산물이 아니라 즐거운 놀이이며 사물과의 대화입니다. 시란 머리를 짜내 짓는 것이 아니라 사물의 말을 받아쓰는 것입니다. 부모님의 말을 받아쓰고, 소의 말을 받아쓰며, 남의 말을 받아쓰고, 음식의 말을 받아쓰며, 바람의 말을 받아쓰는 것입니다. '돌이 무슨 말을 하느냐?'고 물으신다면 할 말이 없어집니다. 돌은 아무리 길에 구르는 조약돌이라고 해도 50억 살의 연세를 지닌 어른입니다. 그래서 말씀을 천천히 합니다. 한마디와 한마디 사이가 10년씩 걸리는지도 모릅니다. 그 돌이 천천히 하는 말을 가만히 관찰하고 상상하고 들여다보다가 나만이 생각나는 말을 받아쓰는 것입니다.

(2) 시란 가치 있는 감정을 표현하는 것

『논어(論語)』의 양화편(陽貨篇)에 보면 공자가 아들 백어(伯魚)에게 "시를 배우지 않으면 그 사람은 마치 담벽을 보고 마주 선 것과 같다."고 말했다는 구절이 나옵니다. 담벽을 보고 마주 선다는 것은 융통성 없는 답답한 삶이 되는 것을 뜻하는 것입니다. 그런 사람은 물론 감정이 메마르고 따라서 그 마음이 또한 볼품없이 막혀 있는 사람입니다. 돈만 아는 사람, 권세만 추구하는 사람, 자기 일신의 동물적 욕망에만 사로잡혀 우주와 인생의 그 도처에 편만해 있는 무수한 다른 가치에 대해서 소경이 되어있는 사람들이 바로 볼품없는 사람들입니다. 시와 감정 그리고 시와 마음의 상관관계를 공자는 우리에게 다시금 일깨워주고 있습니다. 그러나 시가 감정을 표현한다는 말은 오직 감정 그것만을 표현한다는 뜻이 아닙니다. 감정에도 여러 가지 종류가 있습니다. 저속하거나 무가치한 감정은 배제하고 의미 있는 감정, 가치 있는 감정을 표현해야 합니다. 그러자면 우리는 자신의 감정을 차원 높은 것으로 만들 수 있는 철학적 명상과 지적사고(知的思考)를 쌓지 않으면 안 되지요. 뿐만 아니라, 표현의 효과를 드높이기 위한 기술적 고려는 오히려 우리에게 감정의 억제를 요구하는 것입니다.

다음 대화를 들어봅시다.

"지금 뭐해?"
"응, 밥 먹어."라거나,

"지금 뭐해?"

"응, 화장실에 있어." 등의 이런 대화는 문학이 아닙니다. 그냥 일상적인 대화일 뿐입니다. 그럼 어떤 게 문학일까요? 문학적 행위가 들어가야만 문학이라 할 수 있습니다.

"지금 뭐해?

"응, 아버지랑 밥 먹는 중이야. 아버지가 자꾸만 밥을 흘리시네. 그래서 믹서로 갈아서 빨대를 꽂아드리니 잘 잡수시네. 밥도 주스처럼 마실 수는 없을까?"

그런 대화가 문학의 시작입니다.

"뭐해?"

"화장실에 있어. 연로하신 어머니가 운동을 안 하셔서 그런지 통변을 못 보시네. 그래서 관장해드리고 있어."

그런 것이 문학적인 문장의 시작이라 할 수 있습니다.

(3) 역사의 증인이 되어야

　시인은 역사의 증인이 되어야 합니다. 시인이 그 고장의 현재를 말해줄 때 세월이 지나면 역사가 됩니다. 몇백 년 전 어떤 어부가 '독도 주변에서 이상한 물고기를 잡았다.'든지, '풍랑을 만났다.'든지 하는 개인이 쓴 일기장이 하나 발견되었더라도 그것은 역사의 큰 증거가 될 텐데 말입니다. 일본 놈들이야, 본디 제 땅이 지진과 해일로 위태로우니 호시탐탐 남의 땅을 넘보고 억지를 부리는 것이라 치더라도 우리 선조들은 그런 역할을 하지 못하였기 때문에 지금 우리는 독도가 우리 땅이라는 증거 자료가 부족한 것입니다.
　시인도 향토문화 사적과 사건들을 알리고, 기술함으로써 길이 보전하는 역할을 해야만 합니다. 역대에 우리 기억 속에 남은 훌륭한 시인들은 모두 자신이 나고 자란 고향에 관한 시를 썼습니다. 아무도 서울에 와서 서울말로 고향을 자랑하려 들지 않았습니다. 그 고장의 언어와 풍습을 그대로 썼고, 그것은 그 고장의 역사가 되었을 뿐만 아니라 우리 시의 역사가 되었습니다.
　백석은 평안도 말로 평안남도 정주지방에 내려오는 풍습과 지명 등의 시를 썼고, 김소월은 평안북도 구성, 곽산 지방에 내려오는 풍습과 지명 등으로 시를 썼습니다. 김영랑, 정지용, 박목월, 조지훈 등도 모두 자신의 고향에 관한 소재로 시를 썼음은 두말할 나위도 없습니다. 저의 스승이신 함동선 시인과 이은상 시인 역시 그렇습니다.

　　싸움을 말리는 척 편역을 드는 척하다

주인을 몰아내고 안방 차지한
지난 날 강대국의 행적이 남아있는
휴전선 비무장지대
귀청을 때리는 총성이 산을 으깨고
강물을 끓이던 칼끝이 선 듯한
남북고저(南北高低)의 땅굴
침묵은 공포를 키운다던가
한 발 한 발 옮길 때마다
굵은 붓으로 그어 놓은 듯한 저 끝이 어두워지다가
공회당에서
굴비처럼 엮어진 채
북으로 끌려간 형님의 뒷모습이
떨어지는 물방울에서 흔들리누나

(하략)

— 함동선 「제3땅굴에서」 부분

고난의 운명을 지고
역사의 능선을 타고
이 밤도 허우적거리며
가야만 하는 겨레가 있다
고지가
바로 저긴데
예서 말 수는 없다

넘어지고 깨어지고라도

한 조각 심장만 남거들랑
부둥켜안고
가야만 하는 겨레가 있다
새는 날
피 속에 웃는 모습
다시 한번 보고 싶다

- 이은상 「고지가 바로 저긴데」 전문

 이은상 시인이 「고지가 바로 저긴데」를 쓴 시의 시대적 배경은 전투가 치열했던 백마고지 전투이거나 화천, 양구 전투였을 겁니다. 어떻게든 저 고지를 빼앗아야만 하는 사명감이 투철하게 배어나옵니다. 그때 통일했어야 했습니다. 그런데 중공군이 무서워서, 3차 세계대전이 일어날까 우려하여 진격의 속도를 늦춘 것이 결국 반 토막의 나라를 만들어놓았습니다. 함동선 시인의 말씀처럼 "싸움을 말리는 척 편역을 드는 척하다 / 주인을 몰아내고 안방 차지한 강대국"들의 입장에서 대한민국이 반으로 나뉜다는 것이 그렇게 큰 아픔이라고는 느껴지지 않았을 겁니다. 땅덩어리 큰 소련이 그 작은 한국 땅에 대하여 군침을 삼켰을지 의문이고, 미국의 입장에서도 아시아의 작은 섬 같은 나라 대한민국이 그렇게 중요하게 여겨지진 않았을 것 같습니다. 중국 입장 역시 자신을 추종하는 졸개 하나 옆에 두는 것은 지극히 당연한 일이었을 테고, 일본은 한국이 성장하면 자신들에게 위협이 될 것이 분명한 상황으로 좋아서 박수치고 있었을 겁니다. 그래서 강대국들은 적당히 합의를 보고 우리 민족을 100년의 아픔 속으로 밀어 넣었습니다. 그런 난리 통에 함동선 시인의 형님은 굴비처럼 엮어진 채 북으로 끌려가고 말았습니다. 전쟁을 겪은 사람들이나 이산의 아픔을 맛본 그 가족들은 북한과의 대화 자체가 싫다는 것에 대하여 이해가 갑니다. 이은상 시인의 말씀처럼 "새는 날 / 피 속에 웃는 모습 / 다시 한번 보고 싶다."는 게 우리의 심정이었지만 우리는 부모 형제들과 이산의 아픔으로 살아야만 했다는 것을 두 시인은 시를 통해 보여주고 있습니다.

>울산시 중구 병영성은 성벽을 가운데 두고
>병영1동과 2동으로 나뉘고 서동으로 갈라진다
>야트막한 언덕이지만 오르다 보면 숨이 찬 동네
>선우시장 골목에서 막창골목을 지나 한뎃길로 가는
>따순 좌판에서 30년 전 최 씨, 김 씨, 이 씨가 앉아
>슬레이트 지붕 낮게 깔린 좁은 언덕길에서
>술 취해 비틀거리던 모습을 생각하거나
>송 씨와 눈이 맞아 집 나간 여편네 때문에 골머리 앓는
>나 씨의 걱정도 덜어주곤 했는데
>도색을 마친 병영초등학교 운동장 한켠
>50년 전 소년이 비바람을 맞으며
>멀리 보이는 동해바다를 손가락으로 찌르고,
>울산석유화학공단의 어두운 구름이나
>무룡산 능선에서 구르는 듯 다가서는 하늘 속
>구불구불 미로 같은 골목 안 조그만 창문에서
>보내는 삶이 안타까운 '서른 즈음에'[1] 노래가 구슬프다
>어느 골목 어디 햇살을 따라가도 만나게 되는
>병영동 골목길에서 월셋방 있음의 쪽지가 펄럭거리고

---

1) 서른즈음에 : 가수 故 김광석이 불러 크게 유행했던 노래.

청춘의 젊은 꿈이 찢어진 벽보처럼 너덜거리는
고복수길과 성안길 쯤 거기서 마천루처럼 솟은
울산시가지 빌딩을 내려다보는 재미도 더하면서
떨어져 나간 시멘트 구멍을 창호지로 막으며
미욱한 하늘이 맑은 눈으로 내려본다

— 문모근 「울산시 중구 병영동」 전문

이에 문모근 시인이 자신이 살고 있는 고장에 관한 시를 다작하고 있는 것은 매우 고무적인 현상이며 시인이라면 본받아야 할 태도입니다. 시인은 그 고장에 내려오는 지명, 유래, 속담, 전설, 설화, 풍습에 관하여 시 속에서 적절히 말해야 하는데 문모근 시인은 그 역할을 훌륭히 수행해내고 있습니다. 이 시에서도 '병영성, 선우시장, 막창골목, 병영초등학교, 무룡산, 병영동 골목길, 고복수길, 성안길…….' 등 울산 사람이 아니면 들어볼 수 없는 생소한 이름들이 눈에 들어옵니다. 시인은 이름 없는 것들에게 이름을 붙여주는 것과 잘 불려지지 않는 이름을 불러주는 것이 업무입니다. 그래서 어머니와 아버지 할머니의 이름에서부터 이웃의 이름 친구의 이름 돌담장과 풀꽃과 작은 시냇물과 돌다리의 이름을 불러주어야 합니다.

1.
그저 바라보기만 할 뿐
결코 허락하지 않는 神들의 의자
날고뛰는 석공들의 갈고 닦기 수십만 년
아직도 다함이 아닌 듯

이마에 땀방울 동글동글 매달리고
솟구치는 아름다움에 잠시
넋을 잃기도 하지만
넘실대는 노랫소리 리듬에 맞추어
하늘하늘 춤을 춘다

2.
파도가 귓불을 때린다
하얀 물보라 솟구치며 인사한다
어젯밤 수많은 도적떼들
할퀴고 지나간 자리
누가 말했던가 神들의 의자

3.
태곳적(太古的) 용암이 만들어낸
육각형 키 큰 허수아비
벌거벗은 몸뚱이에
물보라 흠뻑 뒤집어쓴 채
벌벌 떨고 있네

오늘도 풍문 주상절리 빈 의자
주인을 기다린다

　　- 김용하 「주상절리」 전문, 시집 『손목에 사는 그녀』 (문학공원)

제주는 화산섬입니다. 활발한 화산활동으로 인해 생겨난 것에는 화구호, 오름, 화산석, 주상절리 등이 있습니다. 그 화산활동으로 인해 생성된 대표적인 것이 한라산 백록담입니다. 화산의 분화구가 휴식을 하고 있는 동안에 물이 차 생긴 화구호 중 하나입니다. 화산활동 중 생긴 것 중에 하나가 오름입니다. 대한민국 대부분의 산들은 혈맥을 타고 흘러 내리는 반면, 제주도의 산들은 혈맥이 없이 스스로 솟아있습니다. 이를 오름이라 부르는 것입니다. 화산활동으로 생겨난 또 하나의 대표적 현상이 화산석입니다. 제주도에는 논이 없습니다. 지형상 화산석이 떠받치고 있기 때문에 논의 물이 오래 참지 않고 땅으로 금방 스며듭니다. 그러기 때문에 제주도 사람들은 논농사를 짓지 못하고 보리농사를 지어 연명해왔습니다. 지금이야 운반 수단이 좋아 어디를 가나 쌀을 살 수 있지만, 비행기와 선박이 발달하기 전 옛날의 제주도 사람들은 보리밥을 주식으로 먹었고, 물이 잘 빠져 크게 자라지 않는 땅콩을 재배했다고 합니다. 바닷가 해안이나 강가에 자주 나타나는 것 중 하나가 주상절리입니다. 주상절리는 용암이 흐르다가 차가운 공기, 바닷물과 만나 부피가 줄어들고 고체로 굳어지면서 오각형, 육각형 모양의 돌기둥이 된 것을 말합니다. 그 아름다움에 발걸음을 멈추게 합니다. 경주 감포 바닷가의 주상절리나, 부안 바닷가 채석강에서 볼 수 있는 주상절리, 그리고 포천이나 철원의 한탄강에서 그 흔적을 찾아볼 수 있는데 제주도에는 주상절리가 한 곳만 있는 것이 아니라 곳곳에 발달되어 있습니다. 김용하 시인이 이러한 주상절리를 시에서 쓰고 있는 것은 고향에 대한 그리움의 발로입니다. 김용하 시인은 이런 자연의 아름다움을 그저 자랑만 하지 않습니다. 바라보고 발견하며 평가하고 은유합니다.

그래서 그는 주상절리를 신들의 의자라 말합니다. 제주도는 육지의 다른 지방에 비하여 토테미즘과 샤머니즘이 발달해 있습니다. 때문에 설화도 많이 존재하고, 마을마다 많은 전설을 간직하고 있습니다. 김용하 시인처럼 시인은 자기가 태어나고 살아온 고장의 지형지물을 시에 담아 후세에 전하는 것은 매우 중요한 임무입니다. 그러기에 김용하 시인은 시인의 임무를 잘 수행하고 있다고 할 수 있습니다.

    춘천시 남산면 창촌리
    소양강댐을 막고 나서
    한겨울 창촌리는 추위가 매서웠다
    껴입어도 껴입어도 추운 창촌리의 겨울
    먹어도 먹어도 배가 고팠다
    우리는 늘 화롯불을 성경책처럼 끼고 살았고
    고구마 익는 냄새를 종교처럼 믿었다
    양은냄비에 김치를 쫑쫑 썰어 넣고 찬밥 한 그릇 넣으면
    우리들의 믿음은 충만했다
    통성기도처럼 박박 소리 내어 긁다 보면
    한겨울 예배당은 완성되었다

    이렇게 문득 고향이 그리워지는 날이면
    화롯불의 추억을 떠올리며
    군밤 군고구마 장수를 찾는다

    - 주명희 「창촌리의 겨울」 전문, 시집 『까치산을 오르며』 (문학공원)

이 시는 주명희 시인이 태어나고 자란 고향 강원도 홍천군 내면

창촌리에서의 추억을 소재로 한 시입니다. 인간은 두 가지의 삶을 지향합니다. 한 가지는 미래를 향한 삶입니다. 우리는 그것을 꿈이라고 말합니다. 소망이 이루어지기를 바라며 그것이 이루어질 수 있도록 공부하고 지향하며 노력하는 삶입니다. 세상 사람들은 보다 나은 미래라는 삶을 위하여 공부하고 저축하며 훈련을 거듭합니다. 그러나 아무도 미래를 확신할 수는 없습니다. 말하자면 미래라는 말은 불확실성으로 대표되는 말입니다. 소망한 바가 이루어질 수 있도록, 준비하고 노력하지만, 꼭 그렇게 될 수 있을 런지는 그날이 와 봐야 알게 됩니다. 그에 반하여 과거는 이미 지나간 삶입니다. 따라서 과거는 개인이 자신이 지나온 삶에 대하여 어떻게 생각하느냐에 따라서 호불호가 극명하게 바뀝니다. 너무나 가난하게 살았지만, 그때가 아름다웠다고 생각하면 나의 과거는 끊임없이 아름다움을 발산할 것이고, 보리밥이 싫어서 가난이 싫어서 그때 그곳은 두 번 다시 되돌아보기 싫다고 생각하면 기억에서 지워지는 것입니다. 그러나 사람은 추억을 먹고 산다고 했습니다. 사람은 초등학교 1학년부터 중학교 3학년까지, 즉 8세부터 16세까지 만 8년 동안의 시간을 기억하며 평생을 살아갑니다. 8세란 나이는 아이큐가 제대로 형성돼 공부를 할 수 있는 나이입니다. 그래서 세계의 많은 나라들이 8세부터 초등학교 교육을 시작합니다. 성인의 증상이 나오는 16세까지를 우리는 소년이라고 하고 이 시기를 소년기라 말합니다. 그때 만난 사람은 평생 기억 속에서 잊혀지지 않습니다. 그때의 특별한 기억은 평생을 살아가는데 동력이 됩니다. 그렇다면 주명희 시인이 쓰고 있는 고향 이야기는 매우 효과적인 시적 표현으로 평가할 수 있습니다.

(4) 시는 도가도道可道 비상도非常道다

道可道 非常道
名可名 非常名
無名 天地之始
有名 萬物之母…

이 말은 『노자(老子)』의 첫머리에 나오는 말입니다. 우리가 도道라고 생각하는 것은 실제로 도가 아닙니다. 우리가 최고라고 생각지 않은 것이 최고입니다. 우리는 에베레스트산, 나이아가라폭포, 피라미드, 만리장성 등 최대와 최초, 초고를 지향하지만 실제로 그 앞에 가서 인간이 느낄 수 있는 것은 '인간이 너무 나약하구나'라고 하는 왜소한 감정만 가질 수밖에 없습니다. 그런데 풀 한 포기에서 꽃이 피어나는 것을 보면서 우리는 우주의 삼라만상을 발견합니다. 척박한 환경에서 포기하지 않고 꽃을 피워내고 민들레 홀씨가 멀리멀리 날아가거나 작은 새가 씨앗을 멀리멀리 퍼뜨림으로써 생명을 이어갑니다. 실제로 에베레스트를 이루는 것은 흙 한 줌, 돌멩이 한 개이며, 나이아가라폭포를 이루는 것은 빗방울 물 한 방울로 시작되는 것입니다.

졸시2) 한 수를 읽어봅시다.

---

2) 졸시 : 자기가 쓴 시를 낮추어 부르는 말. 여기서는 저, 김순진 시인이 쓴 시를 말합니다.

문제를 문제시하는 문제보다
문제를 문제시하지 않는 데서 오는 문제가
더 큰 문제이다
중요한 문제를
중요시하지 않으려 하는 데서 오는 문제는
문제를 망각하는 문제보다
더욱 중요한 문제이고
사소한 문제를
크게 부풀려 만드는 문제는
큰 문제를 덮어두려는 문제보다
더 큰 문제인데
가장 큰 문제는
문제의 해답을 찾지 않으려는
어리석음의 문제로
문제는 차근차근 실마리처럼 풀어야
문제가 없느니라

— 졸시 「문제」 전문

 이 시는 제 첫 시집 『광대이야기』에 나오는 시로 '道可道 非常 道'의 정신으로 쓰인 시라 할 수 있습니다. 노자는 우리가 도라고 생각하는 것은 도가 아니라고 했습니다. 바꿔 말하면 좋은 것, 아름다운 것, 맛있는 것, 새것, 빼어난 것 등은 이미 널리 알려져 있어 찾아가거나 좋아할 필요가 없다는 뜻입니다. 시에 있어 우리가 써야 할 것은 나이아가라폭포나 에베레스트산, 그랜드캐니언이나 만리장성이 아니라 작은 풀 한 포기, 조약돌 한 개같이 하찮고 힘없고 보잘것없는 것이 우리가 시를 써야 할 대상이라는 말입니다.

　　울 엄니 몸져누운 텃밭에
　　시름이 거름인지

　　웬수 같은 개망초꽃
　　흐드러지게 피었네

　　꽃따기 놀이
　　가위 바위 보

　　허기진 아이들
　　보리개떡 먹으러 간다

　　울 엄니 목숨 거두니
　　개망초꽃 지네

　　어린 상제 지팡이처럼
　　애처롭게 선 개망초 대궁들

　　아직 텃밭은 아이들처럼
　　엄마 손이 필요한데…

　　　　　　　　　　　　－ 「개망초꽃」 전문

　이 시는 1976년도 제 어머니가 돌아가실 무렵에 쓴 시입니다. 어머니가 간경화증으로 몸져누우시자 우리 형제들만 보살핌을 못 받은

게 아니라 텃밭도 묵고 말았습니다. 그해 집 바로 옆에 있던 텃밭에는 개망초꽃이 얼마나 흐드러졌는지 지금 생각해도 너무나 슬프게 아름다웠습니다. 여자아이들이 자주 우리 집 묵은 밭에서 개망초꽃을 따며 '꽃따기 놀이 가위 바위 보'를 했고 가끔 잠자리를 잡으러 들어가는 아이들도 있었습니다. 그리고 그해 가을에 어머니가 돌아가셨습니다. 그리고 개망초꽃도 지고 말았지요. 겨우내 빈 개망초 대궁들만 서 있는 텃밭을 바라보는 소년 상제의 마음은 정말 쓰리게 아팠습니다. 어머니가 돌아가시자 저는 고등학교에 진학하지 못하고 대장간으로 보내졌습니다. 남들은 학교에 다니는데 대장간에서 망치와 호미, 낫을 벼려야 하는 심정은 정말 한숨 그 자체였습니다. 그러다가 서울로 나와 답십리에 있는 제너레이터 공장에 가서 합숙하며 일을 했지요. 하찮은 개망초꽃을 객관적상관물로 사용하여 인생의 아픈 맛을 표현한 시라 하겠습니다.

한 수 더 읽어보겠습니다.

> 낙향하여
> 초야에 묻혀 산다만
> 정승반열의 그 고매함
> 어사화, 그 벼슬은 감추지 못하였구나
> 사모관대 흉배보다
> 더 귀한 쪽빛이여

― 졸시 「달개비꽃」 전문

이 시 역시 제가 고등학교 때 쓴 시입니다. 달개비꽃을 가만히 바라보면 파란 꽃잎과 어사화 같이 튀어나온 수술이 꼭 멋진 관대에 흉배를 찬 정승이 사모를 쓴 모양이라 생각되었습니다. 그래서 저는 하찮은 달개비꽃을 낙향한 정승이라 생각하고 정승반열에 올려놓았지요.

    달개비떼 앞에서 쭈그리고 앉아
    꽃 하나하나를 들여다본다
    이 세상 어느 코끼리 이보다도 하얗고 이쁘게 끝이 살짝 말린
    수술 둘이 상아처럼 뻗쳐 있다
    흔들리면
    나비의 턱 더듬이 같은 수술!
    그 하나에는 작디작은 이슬방울이 달려 있다
    혼처럼 박혀 있는 진노란 암술
    그 뒤로 세상 어느 나비보다도 파란 나비!
    금방 손끝에서 날 것 같다
    그래, 그 흔한 달개비꽃 하나가
    이 세상 모든 꽃들의 감촉을…

    상아 끝에서 물방울이 떨어져
    풀잎 끝에서 꼭 한 바퀴 구르고
    사라진다

                          - 황동규 「풍장·58」 전문

  황동규 시인은 그의 시 「풍장·58」에서 '달개비꽃 속에 코끼리가 들어 있다.'고 했습니다. 가만히 살펴보니 정말 그렇기도 합니다.

파란 나비가 들어있기도 합니다. 우리가 써야 할 시는 거창한 것이 아니라 개망초꽃이나 달개비꽃 같은 하찮고 누가 봐주지 않는 꽃입니다. 아무리 울어도 돌봐주지 않는 산새이며 날마다 떡 달라고 졸졸졸 따르고 조르는 시냇물입니다. 한강이나 태백산맥은 소설로 적합한 소재이고 시의 적합한 소재는 작고 소박한 것이라야 합니다. 작은 소재일수록 웅장하게 쓸 수 있지만, 중국의 황산이나 미국의 그랜드캐니언 같은 웅장한 소재를 실물보다 웅장하게 쓰기는 어렵습니다.

제2강 나도 시를 쓸 수 있을까

제2강 나도 시를 쓸 수 있을까

(1) 내가 시라고 생각하면 시다

사람들은 저에게 묻습니다.
"교수님! 저도 시를 쓸 수 있을까요?"
그러면 저는 대답합니다.
"네, 선생님도 시를 쓸 수 있습니다. 한국 사람은 한국말로 시를 쓸 수가 있고 미국 사람은 영어로 시를 쓸 수 있으며 중국 사람은 중국말로 시를 쓸 수가 있습니다."
그러면 또 묻습니다.
"이런 것도 시가 되나요?"
"네, 선생님이 시라고 생각하면 시입니다."
"남들은 이게 무슨 시냐고 묻던데요?"
"선생님은 그걸 시라고 생각하시나요?"
"글쎄 잘 모르겠어요?"
"그럼 시가 아닙니다. 선생님이 시라고 생각하실 때만 시입니다."

저는 그렇게 대답합니다. 여기 돌 한 개가 있다고 가정해 봅시다.

보통 사람들은 돌을 만져보았거나 이미 학습했으므로 돌임을 알 수 있습니다. 그런데 갓난아기는 돌인 줄 모릅니다. 불이 뜨거운 줄 모르고 만지는 아이와 같은 이치입니다. 아이는 돌이든, 장난감이든 먹을거리로 생각합니다. 시라는 것도 그렇습니다. 내가 시라고 생각하면 시입니다. 그런데 많은 사람들이 '이게 무슨 시야, 그런 시는 나도 쓰겠다.'라고 비아냥거립니다. 그렇게 말한다고 해도 '본인이 시라고 굳게 믿으면 시!'이지만 이게 '시일까, 아닐까?' 의구심을 가지면 그때부터 시는 시가 아니고 말장난이거나 감상으로 전락하게 됩니다.

성찬경이라는 시인이 있었습니다. 예술원 회원이셨는데 2013년에 작고하셨지요. 그분은 세 글자 시, 두 글자 시, 한 글자 시를 써서 여러 문학지에 발표하셨습니다. 그분이 필자가 발행하고 있는 ≪스토리문학≫의 메인스토리에 나왔던 시를 예를 들어 보겠습니다. 필요상 책의 모양으로 편집하려 합니다.

성찬경 시인은 이러한 시를 발표하였습니다. 그러면서 시인은 한 글자로 이루어진 시를 '밀핵시(密核詩)'라는 표현을 썼다지요. '술'이라는 제목 옆에 이름을 쓰고 내용을 '술'이라는 글자 한 자만 쓰고 있습니다. 이 시를 깊이 감상해보면 '술'이라는 글자가 지면의 여백을 돌아다니며 이 집 저 집 돌며 이차 삼차를 하기도 하고, 술값이 없어 쫓겨나기도 하며, 집에 들어오면 아내에게 구박받기도 하며, 아이들에게 주려고 산 아이스크림이 다 녹기도 합니다. 그러니 충분히 시가 된다고 할 수 있겠습니다. 그렇게 한두 글자만으로도 시가 되는데 두 행 또는 세 행 이상의 시는 충분히 시가 된다는 말입니다.

그런데 왜 자기의 생각을 의심할까요? 왜 자신이 쓴 시를 두고 '시일까 아닐까?'를 저울질할까요? 그러지 말아야 합니다. 본인이 어떤 느낌을 가지고 쓴 시는 무엇이든 어떤 형태든 시라 할 수 있습니다.

술 술	성찬경 성 찬 경(成贊慶) 1956년 《문학예술》 등단, 성균관대 영문과 교수 역임. 한국시인협회장 역임. 대한민국예술원 회원. 시집 『화형둔주곡』 등 8권, 시선집 『영혼의 눈 육체의 눈』 등 3권.

다음 시 몇 수를 읽어봅시다. 그럼 이런 것도 시가 된다는 말인가요? '정말 기가 막히다.'라고 말할 수밖에 없을 것 같습니다. 시를 무슨 큰 의미를 강조하는 방법으로 생각해서는 안 됩니다. 시는 "생활이 그대를 속일지라도 슬퍼하거나 노하지 말라." 식의 금언이 아닙니다. 시란 놀이입니다. 시를 쓰면 즐겁고 신이 나야지, 시를 쓰면서 괴롭고, 독한 술을 마시고, 머리를 쥐어뜯으며 자살을 생각하게 된다면 그런 시는 안 쓰셔도 됩니다.

2 x 2 = 뻐

2 x 4 = 짐센터

2 x 8 = 청춘

2 x 9 = 아나

3 x 1 = 절

3 x 3 = 해

3 x 5 = 해요

4 x 1 = 구

4 x 2 = 좋아

4 x 9 = 보자

5 x 2 = 팍

5 x 3 = 불고기

5 x 5= 그리운 당신

6 x 3 = 빌딩

6 x 4 = 샘도

7 x 2 = 예뻐

7 x 7 = 맞어

8 x 8 = 뛴다

9 x 0 = 탄

9 x 2 = 좋아

9 x 4 = 일생

– 졸시 「맹구의 구구단」 전문

 맹구는 구구단을 모두 외울 필요가 없습니다. 맹구니까요. 맹구의 입장에서 보면 똑똑한 사람의 구구단과 다를 것 같습니다. 2 x 2 = 4, 2 x 3 = 6, 2 x 4 = 8 식의 구구단으로는 숫자 계산밖에 할 수 없습니다. 그것은 초등학교에서 요구하는 구구단입니다. 우리 시인들에게 요구되는 구구단은 맹구의 구구단처럼 기발한 구구단, 전혀 다른 방식의 구구단을 요구합니다. 우리는 맹구의 구구단처럼 그 다름을 시로 쓰는 것입니다. 저도 시단(詩壇)에서 구사일생 살아남고 싶었고 그런 맹구의 방법을 벤치마킹하여 살아남았다고 보면 됩니다. 다음 시 한 수를 더 살펴봅시다.

오리 +오리 + 오리 + 오리 = 거위 아님
오리 +오리 + 오리 + 오리 = 백조 아님
오리 +오리 + 오리 + 오리 = 이십 리 아님
오리 +나무 + 오리 + 나무 = 오리나무 아님
오리 +오리 + 오리 + 오리 = 사랑이 오리
오리 +오리 + 오리 + 오리 = 행복이 오리
오리 +오리 + 오리 + 오리 = 근심은 가리
오리 +나무 + 오리 + 나무 = 오리나무

오리나무 그늘이 있는 호수에서
한가로이 시를 읊으리

— 졸시 「오리들의 계산법」 전문

이 시는 오리와 나무를 플러스하며 풀어나가는 방식의 사칙 연산 중 하나인 플러스를 하는 방식의 계산법입니다. 보통 우리가 '물방울 + 물방울 = 1'이라는 것은 알고 있습니다. 그러나 '사랑 + 사랑 = 사랑'이 답이 될 수도 있지만 사랑이 모이면 더욱 위대한 힘을 가지며 세상을 구원할 수도 있습니다. 따라서 '사랑 + 사랑 = 행복', 또는 '사랑 + 사랑 = 나눔', '사랑 + 사랑 = 봉사', '사랑 + 사랑 = 자식'이 될 수도 있는 것입니다. 따라서 위의 시를 읽어보면 아무리 오리가 많이 있다고 할지라도 거위나 백조가 될 수 없으며 오리 네 마리가 20리라는 거리의 개념도 아닙니다. 다음 시를 한 수 더 읽어봅시다.

해거름에 주목나무 정자를 창문으로 가만히 바라보고 있자니
수십 마리 참새가 잠을 자려고 들고
나무는 간지럽다는 말을 참새의 언어로 한다
1 + 참새 수십 마리 = 하나

화장실 옆 개복숭아나무에는 수백 개의 개복숭아가 열렸다
퍼런 것도 몸에 좋다며 모두들 탐을 내
어느 날 아버지는 몽땅 따고 말았다
하나 - 개복숭아 수백 개 = 하나

30년 전 심은 은행나무 꼿꼿한 작은 1자로 심어 가지를 치면서
작은 1 + 작은 1 + 작은 1 = 큰 1
너무 자라 가지치기 하면서
큰 1 - 작은 1 - 작은 1 = 큰 1

비바람이 불어도 눈보라가 몰아쳐도
큰일 날 것 없는 나무들의 연산법
큰 나무도 작은 나무도
모두 웃음꽃을 피운다
— 졸시 「나무들의 연산법」 전문

저의 고향 집에는 주목 한 그루 있었습니다. 나는 그 주목을 가운데 두고 평상을 짜놓았습니다. 여름이면 우리 형제들은 그곳에서 막걸리를 마시거나 밥을 먹습니다. 가끔 낮잠을 청하기도 합니다. 저녁 해거름에 창가에서 바라보고 있노라면 새들이 잠자리에 들기 위해 그곳으로 날아듭니다. 나무 한 그루에 수십 마리의 참새가 날아들어 잠을 청해도 결국 나무는 수십 그루가 되거나 수십 마리의 참새가 보이지 않고 한 그루로 보일 뿐입니다. 똑같은 이치로 그 주목 나무 정자에서 서쪽으로 5미터 정도 가면 재래식 화장실 옆에 개복숭아나무 한 그루가 있습니다. 옛날에는 개복숭아가 다 익어도 따가지 않더니 요즘은 덜 익은 개복숭아가 매실보다 낫다며 매실청처럼 설탕을 붓고 농축액을 담급니다. 지금은 작고하셨지만 그걸 아시는 아버지는 남이 다 따갈까 봐서 미리 다 따버리고 말았지요. 나무에 열렸던 수백 개의 개복숭아를 따도 나무는 결국 한 그루입니다. '하나 - 개복숭아 수백 개 = 하나'라는 등식이 성립하는 것이지요. 마찬가지로 은행나무는 새로운 가지가 뻗어도 한 그루이며 가지치기를 해서 무수히 솎아내도 한 그루인 것입니다. 이것은 맹구의 구구단이나 상상을 초월하는 방식으로 이루어지는 연산법이지 사칙연산으로 할 수 있는 연산법은 아닌 것입니다.

    나도 모르게 스마트폰 위에
    책을 올려놓았더니 알 수 없는 문자들이 찍혔다

    우린 가끔
    ㅅㄱ ㄱㄱㅈㄱㄴㄱㄱㅣ 식계ㄱㅅㅣㅣㄱ?ㅣㅣㄱㄱㅣㅣㄱㅅㄱㅣㅣ

ㅣ시ㅣ ㄴㄱ긲ㅣ ㅅ긱?ㅅ긱ㄱㄴ킷ㅋㅅㄱㅣ 긴ㄱㅅㄱ시ㅣ ㄱㅅ?깃ㄱㅎㄲㅆ
ㄱㅎㄱㄴㅅㄱㅅㄴㄱㅎㄴㅅ?ㅅ?ㄱㅅㄱ석ㅅㄱ씨시ㅣ ㄱ식?ㄴㄱㅅㄱ싶ㄱ
ㅎ?싶ㅅㅋㅎㄴ식?ㄱㅅㄴㅅㅋㅆㄱㅅㅎㄱㅅㄱㅅㄱ?ㄱㅅㅅㄱㄴㅅㄱ셋?ㅅ
ㅋㅎㄱㅅ?ㅣㅅㄱㅎㄱㄴㄱㅅㄱㅅㄹㅅㄱ?ㅅㄱㄴㅣㄴㄱㅅㄱㅋㄴㄱㅅㄱㄱ
ㅅㄱㅅㄱㅎㅋ?ㄱ식ㅅㅣ 긱ㄱㅋㄴㄱㅅㄱㅅ넛ㄱㅎㄱㅎㅣ 킴ㅣ ㄱㅅㄴㅅ긱ㅋ
ㄱㄱㅅㅅㄱㄴㄱㅅㄱ?ㅣ ㄱㅅ?ㄴㄱ?ㅅㄱ?ㄱㅅ?ㅅㅋㅅㄱㅅㄱ선ㄱㄱ?ㄱㄴ
ㅅㄴㄱㄴㄱㅅㄴㄱㅅ?ㅎㄱㄴㅅㄱㅅㄱㄴ?ㄱㅅㄱㅅㄱㄴㄴㄱ처럼

　키보드를 잘못 누를 때가 있다

　나는 사는 게 너무 어려워
　그날 밤 아버지가
　엄마를 잘못 눌렀는지 모른다는 원망을 했었다
　그런데 살다보니 암호 같은 날들이
　꽃으로 피어난다는 걸 알게 되었다

- 졸시 「생일」 전문

　어느 날, 사무실에서 우연히 스마트폰 위에 책을 올려놓았다가 위의 2연 같이 읽기도 어려운 암호 같은 문자들이 찍혔습니다. 여러 번 사업에 실패한 나는 젊은 날 어떻게 하면 삶의 암호를 풀고 잘 살 수 있을까 골몰했습니다. 삶이라는 말은 '살다 + 사람'의 합성어에서 온 말입니다. 그러니까 삶이라는 것은 얼마만큼 사람들과 친하게, 정답게 지내느냐에 따라서 재미있는 삶이냐, 팍팍한 삶이냐를 가르는 척도가 된다고 생각합니다. 하도 살기가 팍팍하면 스마트폰을 잘못 누른 것처럼 아버지가 엄마를 잘못 눌러서 나온 내가 아닐까 하는 생각을 했다니 내 생각이 우습긴 하지만 이 세상에 풀리지 않는 문제는 없습니다. 암호 같은 문제들은 어려워 보이지만 그렇게 현상일 뿐 문제는 아닌 것입니다. 그런데 우리는 문제인 것은 문제시하지 않으며 문제가 아닌 것은 문제 삼아 골몰하는 경우가 있습니다. 이제 절대로 문제를 문제시하지 말아야 합니다. 문제가 아닌 것, 즉 꽃이 피는 이치나, 바람이 불 때의 설렘 같은 별 문제 안 되는 것은 우리가 문제시해서 꼭 풀고 해결해야 할 문제이며 금전문제, 애정문제, 명예문제 따위의 문제들은 간과하고 넘어가도 괜찮다고 생각합니다. 우리를 지탱해주는 것은 서로를 사랑하는 마음, 꽃이나 여성을 아름답게 느끼는 마음이지 빌딩이나 비싼 외제승용차를 가져서 우쭐대고 싶은 감정이 아님을 우리는 잊어서는 안 됩니다.

　　　혀 짧은 사람과 다리 긴 사람이 긴 다리를 건너가고 있다
　　　다이가 짜이브 사야마구 다이가 기이 사야미
　　　아주 기이 다이으 거여가야구하므
　　　다이 짜이브 사야믄 다이가 기이 사야므 따야서 마구 뛰어가야 해
　　　왜냐하므 다이가 기니까 기이 다이오 빠이 거야가므
　　　금세 기이 다이으 거여가쑤 이찌마
　　　짜이브 다이오 기이 다이으 거여가가야고 하므
　　　다이 기이 사야므 다이 짜이븐 사야므 아주 오얘 기다여야 하자나
　　　차가 빠이 다일 때에으 기이 다이보야
　　　다이 짜이브 사야미 허씨 조아
　　　다이 짜이브 사야므 다이위요 거여가수도 이찌마
　　　다이 기이 사야미 다이위요 거여가야고 하므 바야미 부여서 떠여지수도 이셔
　　　그얘서 다이 기이 사야므 빠이 가수도 이께지마

다이 기이다고 자야하꺼 하야두 어써
다이 기이다고 자야하다가 바야메 쓰여지수도 이쓰니까

우이 이 다이 위에서 누가 더 머이가나 씨아팔래
야, 이제보이 그 다이으 내가 허씨 크구나

그는 허씨와 동서지간으로 산다

― 졸시 「허씨 좋아」 전문

  위의 시는 혀 짧은 사람이 하는 말을 빗대서 쓴 시입니다. 먼저 말이 불편한 사람을 비유해서 미안하다고 사과드립니다. 그런데 저는 이런 것들도 충분히 시가 된다고 말하고 싶은 것입니다. 판에 박힌 듯한 시, 그 말이 그 말 같은 시, 어디서 본 것 같은 시는 이제 그만 씁시다. 공장에서 찍어내는 비누도 아니고 이거야 원, 지루해서 못 봐주겠어요. 매일 바람 타령, 사랑 타령, 그리움 타령이나 하는 시, 그 나물에 그 밥 같은 시는 이제 그만 구겨서 똥 밑씻개로나 씁시다. 웃음이 절로 나오는 시, 무릎을 치게 하는 시를 써보자고요.
  위의 시를 보면 많은 사람들은 '에이 저게 무슨 시야?'라고 반문할지 모릅니다. 그렇지만 독자에게 메시지를 줄 수 있으면 모든 게 시라고 필자는 말합니다.
  한때 그림처럼 그리는 시가 유행했습니다. 굴렁쇠라는 글자를 '굴렁쇠굴렁쇠굴렁쇠굴렁쇠굴렁쇠굴렁쇠굴렁쇠굴렁쇠굴렁쇠굴렁쇠굴렁쇠굴렁쇠굴렁쇠굴렁쇠굴렁쇠'라고 써서 굴렁쇠처럼 동그랗게 배열해 놓고 그 밑에 '개미 한 마리'라는 글자를 썼습니다. 굴렁쇠가 지나가

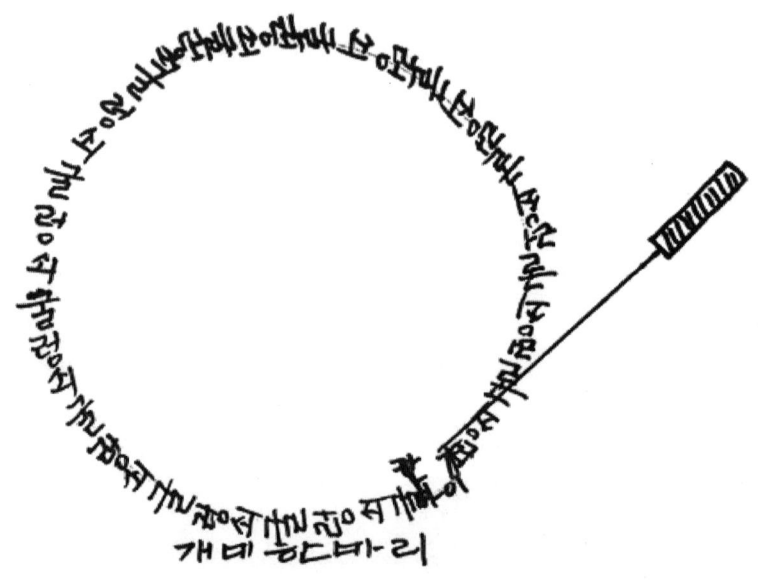

– 졸시 「굴렁쇠」 전문

는 길목에 깔린 개미 한 마리를 생각해봅시다. 요즘 말로 억세게 재수 없는 놈이지요. 그렇게 시각적으로 이미지화한 시도 있습니다. 그런데 시는 뭐니 뭐니 해도 문학이란 장르에 속해 있습니다. 그러니 문학성이 심화된 시라야 좋은 시에 속한다고 할 수 있습니다.

이런 시도 있습니다.

　　　　용마루용마류용마루용마루용마루용마루용마루
　　　기　　왓　　장　　기　　왓　　장
　　기　　왓　　장　　기　　왔　　장　　속
　　참새둘집짓고알낳고새끼들날아간다포르르포르르포르르
　　처　　　마　　　밑　　　에
　　참　　　새　　　한　　　쌍
　　집　　　짓　　　고　　　알
　　낳　　　고　　　새　　　끼
　　먹이물어다기르고자라나날아간다아이구메이쁜내새끼들포르르르

　　　　　　　　　　- 졸시 「기왓장 속 참새들」 전문

(2) 누구나 시를 쓸 수 있다

　사람들은 저마다의 영역을 가지고 살고 있습니다. 저는 성인, 직장인, 남자, 아버지, 할아버지, 포천 사람, 은평구 사람, 잡지사 발행인, 교수, 시인, 소설가, 수필가, 문학평론가, 아동문학가, 덩치 큰 사람, 그림 그리는 사람, 기타 치는 사람 등 수많은 호칭으로 불릴 수 있습니다. 이처럼 사람들에게는 수없이 많은 영역들이 구성되거나 해체됩니다. 우리는 그곳에서 일정한 역할을 하며 살고 있고 그 역할이 다하면 그 역할을 내려놓고 새로운 역할을 위해 떠납니다. 초등학생의 역할이 끝나면 중학생의 역할을 하러 떠나고, 여자의 역할이 주어지면 결혼과 동시에 출산을 하고, 그 역할이 끝나면 할머니라는 역할로 떠납니다. 전철을 탔을 때는 승객으로의 역할이 있을 것이고, 승용차를 몰고 거리로 나섰을 때는 운전자의 역할이 있을 것입니다. 그런 역할 수행과정에서 발견한 현상을 짤막한 글로 쓴 것이 시입니다. 그러니 여러분은 모두 시를 쓸 수 있는 것입니다.
　어떤 분은 가방끈이 짧아서 시를 못 쓰겠다고 합니다. 어떤 분은 늙어서 시를 못 쓰겠다고 합니다. 시는 학벌이나 나이로 쓰는 것이 아닙니다. 시를 잘 쓰는 사람은 따로 있습니다. 시는 관찰을 통한 언어구현이며 상상을 통한 언어구현이고, 역지사지(易地思之)를 통한 언어구현이며, 이미지 변환을 통한 언어구현입니다. 시를 잘 쓰시려면 시나라의 언어방식을 이해해야 합니다. 영어권 나라에서 성장하거나 생활하지 않은 사람은 영어를 잘 알아듣지 못합니다. 러시아어를 배우지 않은 사람은 러시아어를 구사할 수가 없습니다. 시의 나라의 언어는 따로 있습니다.

  그런데 우리는 시의 나라에서 쓰는 언어를 배우지 않고 시를 쓰려고 합니다. 어린아이들이 말하는 것처럼 어휘력이 짧거나 언어구사가 용이하지 않은 것은 마땅한 일입니다. 늑대를 연구하는 동물학자가 늑대의 언어나 생태에 대하여 연구하기 위해서는 늑대와 함께 생활합니다. 늑대가 살고 있는 산속으로 들어가 늑대같이 엎드려 생활하거나 생고기를 입으로 찢어먹습니다. 그렇게 함으로써 늑대로 하여금 같은 편이라는 동질성을 확인시키고 난 후에 비로소 늑대의 언어나 습성을 연구할 수 있는 기회를 갖게 됩니다. 그런데 늑대를 연구할 때 늑대에게 물려 죽을 것 같은 위험을 무릅쓰고 늑대와 생활하면서 늑대의 언어를 습득하고 생활 습관을 이해하는 데 반하여 우리는 죽을 것처럼 목숨 걸고 시를 쓰지는 않습니다.

  첫째. 시(詩)나라의 언어는 공감각 변환의 언어입니다. '먹는다'를 '걷는다'로 변환하고, '흐른다'를 '노래한다'로 '노래한다'를 '그린다'로 '그린다'를 '새긴다'로 '새긴다'를 '심문한다'로 하는 방식입니다.

  예를 들어봅시다.

식물은 물을 먹는다 -> 식물들은 물의 여정을 걷는다
냇물이 흐른다 -> 냇물이 여름을 노래한다
새들이 노래한다 -> 새들이 아름다운 여름을 그리고 있다
하늘이 구름을 그린다 -> 구름이 하늘에 그날의 내 마음을 새기고 있다
바위가 세월을 새긴다 -> 바위가 세월을 심문한다

  그렇게 내 마음을 직접 표현하는 것이 아니라 간접적으로 에둘러

표현해야 합니다. 객관적상관물을 통해서 말해야만 합니다. 사물이나 사건이라는 객관적상관물을 통해 "어머니는 늘 속이 허했다"라는 직접적인 표현방식보다는 '항아리'라는 객관적상관물을 통해서 '그녀는 늘 속이 허하다'로 간접적인 표현방식을 택하는 겁니다.

    냅킨을 만지작거리다
    삼각으로 반을 접었다
    모서리와 각이 생기고
    삐죽이 고개를 치켜든 것이
    모양새가 꼭 내 맘 같아 미웠다
    다시 반을 네모로 접었다
    모서리와 각이 하나씩을 더했다
    주둥이가 뾰족한 것이
    삶 자체가 다각형 속에 있었다
    모퉁이를 꺾으며 돌 때마다
    외롭고 고독해 어깨가 움츠러들었다
    부딪히고 찢기우면서
    다듬어진 동그라미가 나오기까지

    가슴속에선
    꺼억꺼억 까마귀가 울고 있었다

   - 조성복 「바람이 지나간 자리 · 2」 전문, 시집 『물푸레나무처럼』
 (문학공원)

  이 시는 추상적 이미지인 '바람'을 쓰기 위해 냅킨이라는 객관적상관물을 이용해 운반한 시입니다. 혀를 내두를만한 시입니다. 보통의 시인들은 '바람이 지나간 자리'를 형상화하기 위하여 갈대를 불러다 놓습니다. 구름을 불러다 놓습니다. 부러진 나뭇가지를 불러다 놓습니다. 그런데 조성복 시인은 '바람이 지나간 자리'를 형상화하기 위하여 냅킨을 접습니다. '냅킨'은 잘 아시다시피 식탁 위에서 입 언저리나 식탁, 수저 등을 닦을 수 있도록 놓아둔 휴지입니다. 바람의 이미지가 들어있을 리 없습니다. 서로 먼 것끼리 가져다 타당성을 확보하는 일, 그것에 잘된 메타포를 생산하는 방법의 지름길입니다. 전문용어로 언어의 폭력적 결합이라고 합니다. 오이와 신발은 서로 어울리지 않습니다. 스피커와 자전거도 서로 어울리지 않습니다. 냅킨과 바람 사이 같은 이치입니다. 이러한 방법을 러시아 형식주의자 빅토르 시클로프스키는 '낯설게 하기'라 명명하였습니다. 서로 낯선 것끼리 결합하여야만 새로운 이미지로 환기됩니다. 익숙하고 친한 것보다는 낯설고 새로운 것이라야 더욱 미학적이며 예술적 감각을 북돋워 주는 효과를 발휘할 수 있다는 말인데, 조성복 시인은 이를 잘 이해해고 있는 듯 합니다. 냅킨을 삼각으로 접고 다시 접고 또 접는 과정 속에서 드러나는 모서리와 보이는 공간에 조성복 시인의 내면에 있는 바람이 드난합니다. 그리고 냅킨의 실험을 끝낸 조성복 시인은 "삶 자체가 다각형 속에 있었다"고 결론짓습니다. "모퉁이를 꺾으며 돌 때마다 / 외롭고 고독해 어깨"를 움츠립니다. "부딪히고 찢기우면서 / 다듬어진 동그라미가 나오기까지" 찔리고 에돌기를 반복합니다. 인생과 다르지 않습니다. 그런 과정 속에 가슴은 까맣게 타들어갑니다. 그런 말조차 시인은 "꺼억꺼억 까마귀가 울고 있었다"고 시각적 이미지를 청각적 이미지로 전환합니다. 그래서 이 시를 절창이라 하는 것입니다.

신발을 문질러 빨면서도 박박
긁어대는 수세미 끝으로
미움의 고뇌가 더 깊게 밑창에 깔린다

눌러 박힌 절망의 땟국
켜켜이 들어앉은 원망의 탄식도
한 생애 속에 다져져 있다

두들겨라
비눗물에 녹인 애착이 빠질 때까지
시원한 물줄기에 눈물이 닦이거든
또아리를 튼 뱀 대가리에서
독기를 꺼내도 좋겠다

오래오래 햇빛에 널어두면
대문의 빗장은 열리고
떠내려간 혈액이 돌아오려나
마중 나갈 새 신을 신어야겠다

기약 없는 통증의 각피(角皮)를 벗고
너 없는 세상으로 떠나는 여행에
이륙이 시작됐다

― 이진순 「오늘의 운세」 전문, 시집 『숲을 지키는 나무』 (한강)

좋은 시란 있는 사실을 열거하는 것이 아니라, 딴청부리기입니다. '사과'라는 시를 쓰기 위하여 이진순 시인은 사과 주변에 기생하는 낱말을 가져다 쓰지 않습니다. 일반적으로 시인들이 자주 범하는 우를 이진순 시인은 넘어서고 있습니다. 이를테면 사과 주변에 기생하는 "새콤달콤하다, 시다, 달다, 사과하다, 대구, 경북, 나누다, 쪼개다" 같은 말은 시 '사과'를 효과적으로 표현해내는 말로 적합하지 않음을 이진순 시인은 알고 있습니다. 그래서 그녀는 '오늘의 운세'라는 시를 전개함에 있어, 운세에 기생하는 말을 가져다 쓰지 않습니다. 이를테면 "일진, 날짜, 방향, 귀인, 간지, 띠, ~ 하라, ~ 하지 마라, 행운, 불운" 등의 말을 가져다 쓰는 것이 아니라, 오늘의 운세와는 전혀 다른 이미지 언어를 데려다가 「오늘의 운세」를 써내려갑니다. 상상을 통한 딴청부리기입니다. 러시아 형식주의자들이 말하는 '낯설게 하기' 기법입니다. 인간은 낯선 것을 좋아합니다. 자기가 살던 고장보다는 다른 고장이 신선하게 다가오는 이유도 그런 까닭입니다. 농어촌 출신은 도시가 좋고, 도시 출신은 농어촌이 좋습니다. 우리가 외국여행을 선호하는 것도 그런 이치입니다. 이진순 시인의 시 「오늘의 운세」에는 오늘의 운세에 관한 시어는 나오지 않습니다. 그냥 일상어만을 사용해서 '오늘의 운세'에 관한 심상을 이끌어갑니다. 신발을 빨면서 새로운 길에 대한 가능성을 이야기합니다. 땟국물 같은 내면의 독기를 벗겨내고, 자신을 오래오래 햇볕에 널어놓으려 합니다. 그리하여 그녀는 "기약 없는 통증의 각피(角皮)를 벗고"서 운세 같은 허무맹랑한 존재에 대하여 간섭받지 않습니다. 그녀에게 운세 같은 것은 존재하지 않습니다. 다만 내 안의 독기를 빼고, 자신을 희망이라는 햇볕에 노출시켜 에너지를 충전합니다. 그리고 스스로의 여행을 떠나는, 이륙을 시작하는 것입니다.

(3) 노력에 따라 달라지는 완성도

제가 시를 배우러 온 연만하신 학생들한테 일일이 물었습니다.
"선생님, 이번 여름방학에 뭐 하실 거예요?"
"아이들이랑 여행을 가기로 했어요."
"선생님은요?"
"집수리 좀 하려고요."
"선생님은요?"
"저는 건강이 약해서 헬스장에 좀 가려고요?"
저는 책상을 '꽝' 치며 화를 냈습니다.
"선생님들이 그렇게 시간이 많으세요? 선생님들이 그렇게 시를 잘 쓰세요? 연세 들어서 오셨으면 본격적으로 시 공부를 하셔야지요. 이번 방학에는 고시원을 빌려놓고 고시 공부처럼 시를 쓰실 수는 없나요? 이번 방학에는 대학교 독서실에 새벽같이 나와서 밤늦게까지 시공부를 하다가 들어갈 수는 없나요?"
저는 그렇게 언성을 높였습니다.
외국의 어느 유명한 작가는 자신의 집에서 집필하면서 자신의 집필실에 매일같이 넥타이를 매고 오전 9시에 출근해서 저녁 6시까지 수십 년 동안 글을 썼다고 합니다. 글을 잘 쓰려면 시간을 투자해야 합니다. 시집을 많이 읽어야 합니다. 그리고 많이 생각하고 많이 써야 합니다.
김태호라는 소설가가 있습니다. 양천문인협회 회장을 지낸 분으로 여러 번 모셔서 신인상 시상식 때 시상을 부탁했던 분입니다. 필자는 그분에게 "신인들에게 귀감이 되는 좋은 말씀 좀 해주세요."라고 부탁했었습니다. 그럴 때마다 김태호 소설가는 이제 막 문단에 나오는 문인들에게 똑같은 말을 해줍니다.

"누가 알아줘도 쓰고, 몰라줘도 쓰고, 비아냥대도 쓰고 욕해도 쓰고 무조건 써라."

그것이 김태호 소설가가 신인들에게 해주는 한결같은 말이었습니다. 써야 작가라 할 수 있습니다. 쓰면 모두 내 것이 됩니다. 무엇이든 쓸 때 나는 은연중에 실력이 향상됩니다. 작가의 생명은 쓰는 데 있습니다. 차량을 마주할 때 사람들은 그를 운전사라 말합니다. 요리를 마주할 때 사람들은 그를 요리사라고 말합니다. 아내를 마주할 때 사람들은 그를 남편이라 말합니다. 그런데 시인은 시를 몇 달씩, 혹은 몇 년씩 시를 마주하지 않고서도, 시를 쓰지 않고도 시인소리를 들으며 부끄러운 줄은 모릅니다. 시를 쓸 때만 시인입니다. 글을 쓸 때만 작가입니다. 쓰지도 않으면서 시인처럼, 시를 배우는 것처럼 행동하지 마시라고 부탁드리고 싶습니다.

이제 '나도 시를 쓸 수 있을까'에 대한 대답은 분명해졌습니다. 당신은 시를 쓸 수가 있습니다. 한국말을 할 줄 알기 때문에 한국말로 시를 쓸 수가 있습니다. 서울 사람이기 때문에 서울에 관한 시를 쓸 수가 있으며 2025년을 살아가고 있기 때문에 2025년 현재 일어나는 모든 일들에 대하여 시를 쓸 수가 있습니다. 산에 가면 산에 관한 시를 쓸 수 있고, 나무를 볼 때는 나무에 관한 시를 쓸 수가 있습니다. 돌담 밑에 쪼그리고 앉아 민들레를 바라보았다면 민들레에 관한 시를 쓸 수가 있습니다. 밥을 먹을 때는 밥에 관한 시를, 전철을 타고 갈 때는 전철에서 보고 느낀 시를, 소말리아 해적이 납치한 우리 선박을 우리 해병대가 구출하는 뉴스를 접했다면 그것에 관한 시, 김정은이 미사일을 쏘아 올렸다면 그것에 관한 시를 쓸 수 있는 것입니다.

제3강 나는 시를 이렇게 쓴다

제3강 나는 시를 이렇게 쓴다

(1) 가능한 생각과 자료를 모두 동원해야

제가 문단에 나가서 만난 원로 시인님들 이야기와 곁들여서 그간 지난 20여 년 동안 대학강단, 문화센터 등에서 강의해온 경험을 살려, 그냥 강의라기보다는 문학을 통하여 사람 사는 이야기를 하겠습니다.

처음부터 조금 지저분한 이야기지만 재미있는 이야기를 하나 해보겠습니다. 소림사에 한 신참 스님이 무공을 익히러 들어갔습니다. 그런데 소림사에는 내방객들이 너무 많아서 화장실이 늘 오물로 넘쳐납니다. 용변을 보려면 늘 오물이 튀어서 바지에 묻기 때문에 이만저만 걱정이 아닙니다. 그래서 그 신참 스님은 다른 선배 스님들은 '어떻게 용변을 보나?'하고 몰래 숨어서 보기로 하였습니다. 때마침 무공을 배우러 온 지 10년쯤 된 스님이 들어갔습니다. 10년 된 스님은 허리띠를 풀어 대들보에 걸더니 날아다니며 한 덩어리씩 떨어뜨립니다. 정말 대단한 무공이라 생각했습니다. 그 10년 된 스님이 나가자 20년 된 스님이 들어왔습니다. 20년 된 스님은 싼데 또 싸고 싼데 또 싸고 해서 오물이 튀어 오를 새가 없이 싸고 얼른 일어섭니다. 신참 스님은 속으로 박수를 쳤습니다. 얼마를 기다리자 30년 된 스님이 들어왔습니다. 30년 된 스님은 내공의 힘을 빌려 대변을 소변보듯 한 줄로 갈겨 쌉니다. 정말 신기했습니다.

"나도 꼭 저 정도의 경지까지 무술을 익히고 말 거야."

신참 스님은 속으로 다짐하고 있는데 주지 스님이 용변을 보러 화장실로 들어왔습니다. 그런데 주지 스님은 이상하게도 일반인들과 마찬가지로 그냥 쪼그리고 앉아 있다가 순간에 엉덩이만 싹 비킵니다. 주지 스님이 용변을 보고 나오자 신참 스님이 따라가서 물었습니다.

"주지 스님! 다른 스님들은 다 익힌 무공을 이용하여 대변을 보는데 주지 스님께서는 어떻게 무공 하나 없이 그냥 엉덩이만 싹 비킵니까? 혹시 소림사를 돈으로 산 건 아닙니까?"

그러자 주지 스님이, "나도 다 해봤다." 그러더랍니다.

바로 그거입니다. 모두 해봐야 편리한 방법, 좋은 방법을 알게 되는 것입니다.

시에서도 생각 가능한 것을 모두 해봐야 합니다.

예를 들어 종이컵이 있다고 합시다.

이 종이컵을 가지고 시를 쓸 때, 여러분은 무엇을 생각하겠습니까?

"작다, 동그랗다. 직경이 7cm고 높이가 7.5cm이다. 종이로 되어 있다. 일회용 커피를 마신다."

뭐 그런 정도의 생각을 하겠지요. 그러나 시적사고(詩的思考)는 그렇지 않습니다. 종이컵 하나가 생겨나기 위해 얼마나 많은 과정을

거쳐야 할까요. 멀리 인도네시아로 달려가야 합니다. 적어도 수백 년 자란 나무가 쓰러졌을 것입니다. 그 밀림에 살던 원주민들은 삶의 터전을 잃고 다른 곳으로 옮겨가야 했을지도 모릅니다. 그 나무가 베어지고 배에 실려 오면서 또 얼마나 많은 인부들이 땀을 흘려야 했을까요. 이 종이컵에는 커피가 담깁니다. 그 커피는 또 어디서 왔을까요? 에티오피아에서 왔거나 쿠바에서 왔거나 아니면 브라질에서 왔을 것입니다. 커피를 따는 소년은 아마도 초등학교도 못 가고 일터로 나온 어린아이일 지도 모릅니다.

자, 종이컵 하나에서 생겨날 수 있는 생각 가능한 모든 것을 상상합니다. 그리고 시의 지도를 그립니다. 그러면 단순히 물 한 잔, 커피 한 잔의 개념에서 이미 깊게 들어와 있음을 알고 자신의 사고력에 깜짝 놀라게 될 것입니다.

사업도 그렇지 않습니까? 구멍가게 하나를 내더라도 유동 인구가 얼마나 되며 옆에 어떤 가게가 있으며 수준은 어느 정도며 그런저런 시장조사를 해야 그 사업이 성공하지 않습니까? 모든 것이 그렇습니다. 생각 가능한 모든 것을 사고의 선상에 올리고 필요한 부분을 취하는 겁니다. 성찬경 시인은 나사 하나를 수십 년 주무르며 나사에 관한 시를 써오셨다고 합니다. "이게 무엇일까? 어디서 왔을까? 누가 캤을까? 어떤 사람이 고철로 주운 것을 다시 녹인 것일까? 나는 세상이나 사회, 직장, 친구, 집안을 잇는 적합한 나사일까? 나사 빠진 사람은 아닐까?" 그런 끊임없는 질문은 스스로를 키웁니다. 선배 시인들은 시는 사물과의 대화에서 시작된다고 말합니다. 시를 잘 쓰고 싶으시다면 우선 사물시로 시작하세요. 관념시는 그 다음에 쓰셔도 늦지 않습니다.

(2) 시쓰기는 감사와 사랑, 그리고 희망

제가 잘 알고 있는 한 시인 오랜만에 문경 고향에 갔더랍니다. 그런데 수백 년 묵은 느티나무 두 그루가 하나는 봄에 죽고 하나는 가을에 죽고 모두 한 해에 다 죽었더랍니다. 시청에서 나와서 느티나무의 사인에 대하여 여러 가지 역학조사를 하였답니다. 그리고 갖가지 추측이 난무했다고 합니다. 가물어서 죽었을까? 혹시 누가 뿌리에다 제초제 같은 농약을 준 것은 아닐까? 독극물을 주삿바늘로 넣어서 죽은 것은 아닐까?

그런데 저는 그렇게 생각하지 않았습니다. 왜 죽었을까요? 돌보지 않아서 죽었다고 생각합니다. 사랑받지 못해서 죽은 거지요. 우리가 어릴 때에는 느티나무가 가장 좋은 놀이터였습니다. 늘 그 위에 올라가 놀거나 느티나무를 대고 숨바꼭질하였습니다. 어른들은 장기를 두거나 막걸리를 마셨고, 할머니는 손자들을 데리고 나와서 부채를 부치면서 '금자동아 은자동아'를 외우며 자장가를 불러 손자를 재우곤 했습니다. 그런데 요즘은 에어컨이다 선풍기다 냉장고다 해서 더울 일이 별로 없습니다. 숨바꼭질하지도 않습니다. 그저 컴퓨터에 매달려 밤을 새워 상대방과 통화를 하면서 게임을 하지요. 그러니 느티나무 아래 가서 놀 일이 없습니다. 나무도 사랑을 갈망합니다. 해발 1,000m가 넘는 큰 산에는 오래된 나무가 한 그루도 없습니다. 큰 나무는 모두 마을 가까이에 살고 있습니다. 나무들도 사람을 너무 좋아합니다. 그래서 저는 사랑이 없어서 죽었다는 결론을 냈습니다. 이 세상에 사랑이 없는 것은 모두 죽습니다.

저는 또 그런 생각을 합니다. 우리 서울에는 북한산과 도봉산, 수락산, 불암산, 관악산 등이 유명합니다. 그 산들에는 바위가 많습니다. 모래 한 알을 물에 담갔다가 깨뜨려 봅시다. 금방 속까지 물을 먹고 있을 것입니다. 그럼 북한산, 관악산 등에 있는 바위들은 죽었을까요? 살았을까요? 살아있습니다. 왜 살아있을까요? 살아있기 때문에 사람들이 오릅니다. 사람들은 죽은 것을 귀신같이 잘 압니다. 죽은 고기는 절대 안 먹습니다. 강물이 오염되어 죽었을 때 누가 고기를 잡아먹습니까? 둥둥 떠 죽은 물고기를 가져다 매운탕 끓여 먹는 사람을 보았나요? 절대로 안 먹을 겁니다.

그렇듯 바위도 살아있습니다. 바위는, 산은 아주 적당한 물을 마십니다. 그리고 사랑을 마십니다. 그리고 아주 천천히, 어떤 원숭이가 입 안에다가 열매를 잔뜩 저장했다가 새끼에게 토해주듯 그렇게 물을 마셨다가 우리들에게 아주 천천히 사시사철 내려보내 주지요. 바위가 죽었다면 사람들은 절대로 그 바위산에 오르려 하지 않습니다. 바위가 먹는 것은 물 뿐이 아닙니다. 사람들의 우러름을 먹습니다. 존경을 먹습니다. 어른들은 비가 오거나 눈이 오면 '비 오시네. 눈 오시네.'라고 합니다. 그건 왜 그렇습니까? 우러르기 때문입니다. 존경하기 때문입니다. '하늘을 우러러 한 점 부끄럼 없기를 / 잎새 이는 바람에도 나는 괴로워했다'는 윤동주 시인의 「서시」가 있습니다. 우리가 하늘을 우러러보기 때문에 하늘이 파란 것입니다. 파란 것은 무슨 색입니까? 희망의 색 아닙니까?

시골 사람들은 재앙이 내리면 산신령이 노했다고 합니다. 그렇지요? 그래서 떡을 하고 돼지를 잡아서 산에 올라가 제사를 지냅니다.

여러분의 동네에도 그런 일이 있잖아요. 제가 자란 마을 경기도 포천시 이동면 연곡리 제비울에는 지금도 산제사 지내는 날을 정해놓고 치성을 드립니다. 옛날에는 산제사를 지내는 날을 받으면 밖에 나갔던 사람이 동네에 들어오지도 않았고, 동네 사람들도 아무리 바빠도 밖으로 나가지 않으려 했습니다.

그것은 무엇입니까? 믿음입니다. 존경입니다. 바위와 산에 대한 우러름이지요. 존경은 어디서 시작됩니까? 사랑에서 시작된 일입니다. 왜요? 산이 우리에게 땔감을 주고 시원한 바람을 주고 물을 주고 버섯과 나물과 꿀과 토끼 등의 고기를 주기 때문에 거기에 대한 감사의 인사를 산제사라는 형식으로 지내는 겁니다. 그런데 우리들은 어떻습니까? 공부를 가르쳐주신 선생님께 스승의 날에 감사의 축전 한 통 보냅니까? 연말에 전화 한 통 드립니까?

저는 초등학교 5, 6학년 때 선생님이신 박광국 선생님과 중학교 때 국어 선생님이신 홍관선 선생님, 고등학교 때 국어 선생님이신 한중희 선생님 등을 정신적 지주로 여기며 대학과 문단에서 만난 함동선 교수님, 문덕수 교수님, 전영태 교수님, 이승하 교수님, 유승우 교수님, 신규호 교수님 등 20여 선생님들께 지난 1980년 고등학교 졸업 이후 스승의 날이 되면 거의 거르지 않고 축전을 보내드렸습니다. 그리고 매년 한 분씩 찾아가 약주를 대접하곤 했습니다. 그리고 저는 연락 안 되는 선생님은 끊임없이 찾고 싶어 하고 그리워합니다. 그건 무엇입니까? 감사하는 마음 아닙니까? 지금 우리는 우리를 길러주시고 낳아주신 부모님을 돌봅니까? 아닙니다. 의학박사를 만들어준 아버지를 살해하고 그 아버지의 재산을 노리는 자식을 보았습니다. 신 고려장이라 해서 부모님을 여행지에 내버리고 오는 경우도 있답니다.

문학은 무엇입니까? 시는 무엇입니까? 자신을 돌아보는 일입니다. 자신을 올바르게 세우는 일입니다. 문학을 제대로 하면 불효자가 없어집니다.

저는 돌아가신 아버지께 감사합니다. 저희 아버지는 그 어려운 시기, 70년대 후반에도 품 팔고 쌀을 팔아서 제가 문학적 소양을 가질 수 있도록 김우종 에세이전집, 세계문학전집, 한국소설전집 등 많은 문학서적을 사주신 덕분에 제가 작가가 되었고 이만큼 성장할 수 있었습니다. 그러기에 늘 감사한 마음이지요. 나중에 김우종 선생님을 제 고향 집으로 모시고 갔었습니다. 그리고 밑줄 그으며 선생님의 수필을 공부하던 그 책들을 보여드렸지요. 너무나 기뻐하시며 격려해주셨습니다.

문학을 제대로 하면 이웃에 누가 되는 일을 하지 않습니다. 문학을 해서 남의 돈을 갈취하려는 사람들이 있습니다. 그들은 문인이 아닙니다. 그럼 뭘까요? 사이비입니다. 가짜지요. 우리나라 사람들은 정이 많습니다. 부침개를 부쳐도 젤 먼저 부쳐서 이웃집에 가져다줍니다. 가래떡을 해도 맨 위에서 덜어서 이웃집에 가져다줍니다. 옥수수를 삶아도 자기는 이 빠진 거, 덜 여문 거 먹고 남에겐 토실토실하고 적당히 여물어 쫀득쫀득한 것을 줍니다. 무엇입니까? 가장 좋은 것을 나누는 것! 그것이 문학입니다. 가장 선한 마음을 가질 수 있게 마음을 나누는 게 문학이고 시입니다.

저는 화전민의 자식이었으며 열다섯에 어머니를 여의었고 매우 어렵게 자랐습니다. 그러나 저는 희망을 잃어본 적이 없습니다. 늘 내 인생의 기나긴 터널을 뚫고 있는데 이제 거반 다 뚫려서 곧 "우와, 내 세상이다!"라고 소리칠 수 있는 세상이 온다고 생각해왔습니다. 그러나 이 땅에 태어날 때 나는 이미 내 세상을 가지고 태어난 것입니다. 저는 어렵게 자랐지만 단 한 번도 어두운 시를 쓴 적이 없습니다. 어둡게 써본 글이 없습니다. 늘 희망적이었고, 늘 미래지향적으로 썼습니다. 배고픔을 표현해도 아름다움으로 승화하려 애썼습니다.

서울로 나와서 저는 문학을 하면서 마루방에서, 사글셋방에서, 지하실방에서 어렵게 살아왔어도 단 한 번도 희망을 버리거나 좌절한 적 없습니다. 문학을 하면서, 시를 쓰면서 자살을 생각하거나 좌절을 생각한다면 그 문학은 접어야 합니다. 어떤 친구는 너무나 어렵게 자란 고향이 보기도 싫어서 나가 살면서 '추억은 다 잊었다.'고 말합니다. 그런데 저는 시골에서 태어나고 들판에서 뛰놀며 자란 것이 더없이 자랑스럽습니다. 보리밥도 못 가지고 다녔어도, 뚫어진 고무신을 신고 다녔어도, 남들처럼 책가방도 없이 책보를 메고 다녔어도 저는 그 시절이 얼마나 자랑스럽고 고마운지 모릅니다. 문학은 희망으로만 통합니다. 문학은 아름다움하고만 사귑니다. 물론 전쟁과 배고픔 살인을 묘사할 수는 있지요. 그러나 거기에 깔린 정신이 희망이어야 하고 사랑이어야 한다는 말입니다.

(3) 일정한 마음의 휴면기간을 거쳐야

학교에서 쉬는 시간이면 애들이 정말 시끄럽습니다. 시장에 가면 얼마나 시끄러운가요?. 사람들은 자주자주 조잘조잘 말합니다. 왜요? 사람의 수명이 얼마입니까? 고작해야 100년이지요. 그럼 바위의 수명은 얼마입니까? 50억 년입니다. 50억 년 동안 살아남은 것은 무엇입니까? 바위뿐입니다. 소나무도 학도 거북이도 1,000년을 살기 어렵습니다. 그러니까 바위는 바위끼리 이야기합니다. 어떻게요?

"야… 아… 사… 람… 들… 이… 너… 무… 볼… 어!"

그렇게 한 음절씩 말하는데 한 30년이나 50년씩 걸립니다. 하하하. 그러다가 정말 화가 나면 벼락을 쳐서 사람들을 벌하기도 합니다. 10여 년 전에 산을 너무 함부로 하니까 북한산에 벼락이 쳐서 등산하던 사람이 벼락을 맞아 그 자리에서 죽었어요. 물론 죽은 사람이 잘못한 건 아닙니다. 왜 선생님들이 학교에서 학생들이 잘못했을 때 '다 눈감아!' 그러잖아요. 그런 것처럼 신도 사람들에게 함께 벌주는 겁니다. 바위와 대화가 통하는 것은 바위가 있는 산의 소나무와 물과 하늘과 들풀과 꽃 등 남을 시기하지 않는 것들뿐입니다. 그렇듯 좋은 사람과의 친구는 좋은 사람일 수밖에 없습니다.

시란 무엇입니까? 그냥 사람 사는 이야기입니다. 현대시는 "한 잔의 술을 마시고 / 우리는 버지니아 울프의 생애와 / 목마를 타고 떠난 숙녀의 옷자락을 이야기 한다"는 식의 감상이 아닙니다. "시몬 너는 좋으냐? / 낙엽 밟는 소리가" 식의 감상도 아닙니다. 물론 감상도 시가 될 수 있습니다만 현대시는 발견과 방법과 탐험을 추구하기 위하여 자연과 사물을 객관적상관물로 사용합니다.

그럼 시는 어떻게 쓸까요? 여행하거나 영화를 보거나 물건을 사거나 밥을 먹거나 무엇이든 시가 될 수 있습니다. '아, 이거 시 되겠네.' 그렇게 시상이 떠오를 때 우리는 그걸 '시의 종자(種子)'라 말하지요. 그릇 깬 것, 신발 벗겨진 것, 손톱 밑에 가시 들어간 것, 커피 엎지른 것, 연극·미술·음악 관람한 것 등, 모든 것이 시제가 되는데 우리는 오늘 시의 종자를 채취하여 오늘 바로 심어서 오늘 바로 열매를 따려는 사람들이 있습니다. 우물에 가서 숭늉 찾는 격이지요. 국화가 아무 때나 꽃이 핍니까? 무더운 여름을 나야 꽃이 핍니다. 아니면 암실에 넣어서 일정 기간을 놔두어야 잠을 자고 일어나 밤을 많이 지낸 줄 알고 피지요.

저희 시골집 옆엔 가로등이 있습니다. 작고하셨지만 생전에 아버지는 여름이 되면 그 가로등의 불을 꺼둡니다. 콩이며 들깨, 참깨의 열매가 들지 않기 때문입니다. 왜요? 식물도 잠을 자야 열매가 맺히거든요. 감자를 캐서 바로 심으면 싹이 틀까요, 안 틀까요? 안 틉니다. 휴면기간이라는 기간이 있어야 싹이 튼답니다. 아마 40일인 거로 알고 있습니다. 그렇듯 시의 종자를 채취하여 가슴에 담아두고 '어디다 심을까, 어떻게 심을까?' 하는 파종계획을 세워야 합니다. 성미 급한 시인들은 오늘 본 걸 오늘 써서 오늘 올립니다. 여름에 겨울시 올린다고 누가 뭐랍니까? 겨울에 여름시 올린다고 누가 뭐랍니까? 꼭 부처님 오신 날에 대한 시를 사월초파일에만 써 올려야 된다는 법 있습니까? 내면에 두고 좀 숙성시켜서 제대로 된 시를 내놓아야 보는 사람들이 즐겁지요.

(4) 농한기 때 내년 농사를 설계하듯

농부들은 봄이 되면 채마는 어디다 심고 콩은 어디다 심고 고구마는 어디다 심어야겠다고 계획을 세우지 않습니까? 세 이랑으로 심을까 네 이랑으로 심을까? 흩뿌릴까? 발꿈치로 밟고 씨를 놓은 뒤 앞발로 묻을까? 두둑을 만들어 심을까 쟁기로 골을 째고 심을까? 뭐 그런 파종계획 말입니다. 그런 후에 파종을 합니다. "세 알씩 심을까? 네 알씩 심을까?" 그런 파종 말입니다. 우리 시의 정형성 내지 음보격이 그것입니다. 3·3·2조, 3·4조, 4·4조, 7·5조 그런 음보격 말입니다. 시는 노래이니 노랫말로 쓰기 위해서는 시조가 좋습니다.

농부가 참깨 씨를 뿌리고 나면 싹이 난 것을 모두 그냥 기릅니까? 솎아주고 필요 없는 잡초를 뽑아주고, 북돋아 주지 않습니까? 한 수박 덩굴에 큰 수박은 세 개 정도만 남겨놓고 나머지 수박을 따버려야 제값을 받을 수 있는 큰 수박이 되지 않습니까? 배가 열리는 대로 그냥 다 두면 너무 작아서 상품성이 없지 않습니까? 특히 의미중복이나, 형용사의 사용을 배제해야 합니다. 꼭 필요한 말인지, 불필요한 말은 없는지 생각해보아야 합니다.

그런 다음에는 어떻게 할까요? 적합한 시어를 찾아 넣어야 합니다. 말하자면 상품을 포장하는 일이지요. 아무리 사과가 작황이 좋다고 해도 그냥 나무상자에 내다 팔면 제대로 가격을 받을 수 없습니다. 복(福)자를 쓴 수박이나 합격(合格)이라 쓰인 사과를 보셨지요? 그것들은 얼마입니까? 백화점에서는 그런 사과 하나에 오천 원씩 받습니다. 그건 무엇입니까? 제대로 된 상품을 제값 받고 파는 행위 아닙니까? 우리의 시도 제값을 받아야 합니다. 아무렇게나 지어서 아무 때나 내놓으면 시장 좌판에서 '골라, 골라!' 떠들며 한 바구니에 천 원에 파는 상한 과일 수준밖에 안 되는 거지요. 제대로 된 시어를 넣고, 적합한 제목을 붙여야 합니다. 어떤 시인들은 시집 제목을 '가을'이라 붙인 사람도 있습니다. 그 제목에 호기심이 갑니까? 신발가게에 가보셨지요? '마당발, 미투리' 그런 제목 보셨지요? 그건 그래도 많이 생각하고 지은 상호입니다. 그런데 '천리 길도 한 걸음부터'란 신발가게가 있다고 생각해봅시다. 얼마나 잘 지은 이름입니까? 그렇게 제목을 잘 지어야 그 시를 읽어보고 싶지 않습니까? 그런데 그냥 시의 제목을 '바다, 가을, 우면산, 낙동강' 등 그렇게만 짓는 사람들이 있습니다. 그건 전혀 호소력이 없어요. '찻잔 속의 폭풍', '우산 속으로 달리는 기차', '우면산에서 좌고우면하다', '오리알로 낙동강을 건지다' 식의 제목이 되어야 호기심이 발동하지요.

  남과 비슷하게 쓰면 그 사람은 늘 최고가 될 수 없습니다. 패러디 시가 난무합니다. 분명한 것은 남처럼 쓰면 그 뒷줄에 설 수밖에 없습니다. 바닷가에 살아보지 않은 사람이 바닷가의 용어를 공부한들 얼마나 깊이가 있을까요? 우리는 TV에서 드라마를 보다가 안동지방 사람 역할을 하면서 대구 사투리를 쓰는 사람을 가끔 봅니다. 그것은 경험하지 못한 사람이 대본을 썼기 때문입니다. 세상의 중심은 '나'입니다. '나'처럼 써야 합니다. '나'답게 써야 합니다. 내가 겪고 보고 들은 일만을 남과 다른 시각으로 써야 하는 것이지요. 시인(詩人)은 시인(視人)이어야 합니다. 볼 줄 아는 사람이라는 뜻입니다. 보통 사람과 다른 시각! 그것이 시인의 눈입니다.

나만의 시각이 필요합니다. 박희진의 소나무시, 성찬경의 나사시, 이생진의 바다시, 박재능의 무속시, 이근배의 벼루시, 문효치의 백제시, 장윤우의 금속시…. 모두 누가 침범할 수 없는 그분들의 영역들입니다. 생각을 낯설게 하여야 합니다. 시인은 시공을 초월하며 어떤 일도 할 수 있는 창조자입니다. 창작이라는 말, 시인으로부터 비롯한다는 말이니 시인은 하느님과 동격입니다. 우월감과 사명감을 가지시고 창작에 임하시기 바랍니다.

남이 보지 못한 것을 붙잡아서 공감 가게 쓰시기 바랍니다. 충청도가 고향인 분은 충청도 말, 경상도가 고향인 분은 경상도 말로 쓰시면 더욱 구수합니다. 억지로 꾸미지 마시고 일어나는 과정과 느낌을 자연스럽게 쓰시면 될 줄 압니다. "애야 점방 가서 막걸리 한 되 받아온나" 어머니가 그러셨다면 그렇게 그대로 쓰시면 됩니다. 직접 경험하지 않거나, 세밀한 관찰 없이 느낌만으로 쓰는 시를 경계합니다. 어떤 시인은 '죽음'이란 시를 쓰기 위해 공동묘지에서 3일을 지냈다고 합니다.

야구 용어로 스토브리그라는 말이 있습니다. 이는 말 그대로 스토브, 즉 난로를 켜놓고 리그를 벌인다는 말로, 겨울에 이적시장을 뜻합니다. 겨울의 이적시장에서 투수가 부족한 팀은 투수를 잘 사와야 하고, 홈런타자가 부족한 팀은 홈런을 잘 치는 선수를 사와야 하며, 외야수가 부족한 팀은 어깨 좋은 외야수를 사와야 하고, 포수가 부족한 팀은 투수 리드가 좋은 포수를 사와야 이듬해 봄에 좋은 성적을 낼 수 있습니다. 야구도 그러할진대 우리는 매일 그 선수만 기용합니다. 고향이라는 선수, 어머니라는 선수, 사물이라는 선수만 기용해서 시집을 읽는 관중이 재미없다며 표, 즉 시집을 사지 않습니다. 그렇다면 어떻게 해야 할까요. 남이 쓰지 않은 소재나 이야기, 표현을 쓰기 위해 우리는 이적시장에 나아가 훌륭한 선수를 사와야 하는 것입니다.

어떤 시집을 읽으면 처음부터 끝까지 비슷하여 마치 한 편 읽은 것과 마찬가지인 시집을 봅니다. 세상이 점점 다양하고 세분화되어 가듯 시도 다양해야 합니다. 독자는 시인의 경험을 사려는 것이지 시인의 감상을 사려는 것은 아닙니다. 내 시집이 안 팔린다고 말하기 전에 내 시집에 수록되어 있는 시가, 지금 내가 쓰고 있는 시들이 모두 서로 다른가? 모두 다른 감칠맛을 가지고 있는가? 읽어도 그게 그거 같다거나 아무 느낌이 안 드는 것은 아닌가를 생각해보시기 바랍니다.

제4강 시창작이란 무엇인가

제4강 시창작이란 무엇인가

시 쓰기는 일상적인 언어의 말하기와는 달라 다양한 기법을 요구하기 때문에 시창작(詩創作)'이라고 말합니다. 창작이란 이전에는 없던 것을 새로 만든다는 의미입니다. '창(創)'이란 무엇일까요? 처음 시작되는 것을 창(創)이라 합니다. 기독교에서 말하기를 하나님께서 천지를 창조하셨다고 말합니다. 즉 나를 비롯해서 시작되는 것을 창작이라 합니다. 그래서 모두 달라야만 합니다. 사람이 모두 다르고 세상 모든 만물이 다르듯이 십 년 전에 쓴 시와 지금 쓴 시가 비슷하면 창작이 아닙니다. 그것은 자기표절입니다. 시인에게 있어 창조와 반대되는 개념은 폐허나 몰락이 아니라 제조입니다. 공장에서는 한 가지 물건을 만들어서 납품회사에게 컨폼받아 그게 반응이 좋으면 수천 개, 수만 개, 수백만 개 만들어냅니다. 젓가락이 계속해서 나오는데 그걸 아무리 잘 만들었다고 해서 창조라고 하지 않고 제조라고 합니다.

창이라는 말은 하나님과 작가만 쓸 수 있는 말입니다. 모든 게 달라야 한다는 말입니다. 따라서 시인과 하나님은 동격입니다. 그러면 왜 일상적인 언어는 창작이라고 하지 않으면서 시는 창작이라고 할까요? 텔레비전에서는 자주 음식에 대한 프로그램을 방영합니다. '맛대 맛'이라는 프로그램이 있다고 합시다. 진행자가 나와서 게스트들에게 조리된 음식들을 먹어보라고 합니다. 그러면 탤런트나 가수 등 게스트들은 그 음식을 먹어본 뒤, 진저리치며 '맛이 죽인다'는 표정을 짓습니다. 그것이 공감각의 전환입니다. 미각을 시각으로 전환해서 보여주는 것입니다.

시청자들에게 일일이 맛을 보여주는 것은 불가능하니 음식 만드는 과정을 보여주고 나서 출연자가 대표로 맛을 봅니다. 맛을 봤으면 시청자들에게 그 맛이 어떤지 말로 설명해야 합니다. 그 설명이란 것이 고작 '담백하다', '깔끔하다', '쫄깃쫄깃하다', '고소하다' 이런 정도인데, 아무리 잘 설명한다고 해도 출연자가 직접 먹어본 맛의 경험 그대로를 시청자들에게 전달한다는 건 불가능합니다. 즉 맛에 대한 감각 체험을 시청자가 비슷하게라도 체험하게 하기 위해서는 그것을 설명해줄 수 있는 말이 턱없이 빈약하다는 걸 알 수 있습니다. 그런데 시적으로 표현하면 더욱 맛이 좋은 느낌을 가질 수 있습니다. 예를 들어 미역국을 먹어본 사람이 '미끌해요. 뜨거워요. 시원해요. 짜요.' 그런 말 말고 '제주 바다가 밀려와요.'라고 했다고 합시다. 그러면 그 말에는 얼마나 많은 뜻이 내포하고 있을까요? 그 '제주 바다가 밀려와요.'라는 말에는 '맛있다, 시원하다, 비릿하다, 고향이 그립다, 바다에 가고 싶다' 등의 말이 들어있습니다. 그러니 시는 최고의 맛을 내주는 새로운 조리법이요, 조미료라 할 수 있습니다. 나만의 표현방식을 통해 남과 다른 말을 할 수 있기 때문입니다.

(1) 모든 시는 객관적상관물에 의해 운반되어야

객관적상관물이란 시에 있어 감정을 운반하는 도구로써의 시에 사용되는 소재를 말합니다. 그리움이라는 감정을 운반하기 위해서는 갈대나 지평선 등이 쓰일 수가 있습니다. 아버지에 대한 감정을 운반하기 위해서는 전봇대, 대나무, 바위 등이 쓰일 수가 있습니다. 그렇듯 모든 감정을 운반하기 위해서는 꼭 객관적상관물에 의해서 운반되어야만 합니다. 그런데 초심자들의 대부분은 아버지에 대한 감정을 그대로 드러내기 쉽습니다. "아버지 지금 무엇을 하고 계시나요. 아버지가 떠나신 뒤 당신이 그리워 날마다 울었습니다." 그렇게 직접적으로 말해버리면 독자는 아무런 생각을 하지 못한 채 작가의 의도대로 따라다녀야 합니다. 요즘 사람들은 너무 똑똑해서 아는 것은 따라하지 않는 경향이 있습니다. 따라서 "아버지 나라에도 지금쯤 호박모종을 심겠지요? / 저도 아버지 담장에 호박넝쿨을 올립니다."라는 식으로 호박이라는 객관적상관물을 통해 아버지와 나 사이의 감정을 운반하면 훨씬 효과적으로 감정을 운반할 수가 있는 것입니다.

졸시를 예로 들어보겠습니다.

불광천 산책길 옆
빨간 고무장갑 한 짝
소매가 흙에 묻힌 채 구조를 기다리고 있다
6.25 격전지 삼팔선 마을에 살면서
군인과 미군들이 쉴 새 없이 드난하는 틈바구니에서

저, 우리 큰애 공납금이 모자라서 그러는데요
삼밭 품삯 받으면 드릴게
만 원만 취해주세요
늘 구조를 기다려야 했던 어머니의 손
중학교 1학년 때 고물 주워 판 돈으로 선물했던 고무장갑
체온 빠져나간 엄마의 거푸집이
구조를 기다리고 있다

— 졸시 「거푸집」 전문

　이 시는 제가 불광천을 걷다가 장마 때 떠내려온 토사에 반쯤 묻혀있는 고무장갑을 보고 쓴 시입니다. 지금의 어버이날이 있기 전에는 어머니날이 있었지요. 어머니날 자녀들이 할 수 있는 일이라고는 고작해야 크레용으로 빨갛게 칠한 도화지를 오려 카네이션을 만들어 옷핀으로 어머니 가슴에 꽂아드리는 일이 최고의 효도라 여기던 시절이 지나고 차츰 머리가 커갈 무렵에 우리는 학교에서 다녀오는 길이면 탐지기를 이용해서 고물을 캐서 팔았습니다. 제가 태어나고 자란 포천시 이동면 연곡4리 제비울이란 마을은 6.25동란의 격전지였으며 전쟁 전에는 북한 땅이었습니다. 초등학교 5, 6학년 무렵에 우리는 학교에서 돌아오면 산으로 쏘다니며 북한으로부터 날아온 불온 삐라를 줍거나 대부분의 오후 시간을 고물 캐는 일로 보냈습니다.

그런데 불광천에 떠내려오다가 흙에 묻힌 고무장갑을 보는 순간 고물을 주워 판 돈으로 어머니날에 선물했던 어머니의 고무장갑이 머릿속에 떠오르는 것이었습니다. 여기서 불광천에 반쯤 묻힌 고무장갑이라는 객관적상관물이 없다면 그냥 회상에 불과합니다. 그런데 고무장갑을 보면서 과거를 회상하고 어머니를 그리는 마음까지 써내 독자로부터 신선한 환기를 시키고 있는 것입니다.

졸시 한 수 더 읽어보겠습니다.

> 일에 코를 꿴 그가 야금야금 구김을 먹고 있다
> 다북쑥 푸른 밭두렁을 먹고 소작농의 설움을 먹고
> 대폿집 주모의 웃음을 먹고 있는 중이다
> 십 년을 견뎌낸 아버지의 단벌 바지는
> 장롱에 매달려서도 숯다리미의 뜨거움을 마셔보지 못했다
> 솔깃 사이로 도도독 인두에 타들어가던 서캐들의 생사를
> 홀로 기억하던 아버지의 바지
> 모처럼 돌아오는 동네 잔칫날이면
> 선택의 여지없이 풀물 든 바지는 아버지의 어깨를 구부리게 했다
> 오리나무 정자 아래서 참 먹는 아버지의 바지는 오금을 펴지 못했다
> 논밭을 오가며 늘 엎드려서만 우리들의 먹을거리를 준비하신 아버지
>
> 그가 기어 다니며 아버지의 구김을 먹고 있다

― 졸시 「다리미의 식사법」 전문

이 시는 아버지가 시골에서 홀로 사실 때 가끔 내려가서 아버지의

옷을 다려드리던 이야기입니다. 가만히 아버지의 바지를 다리고 있자니 늘 풀물이 들어 결혼식이나 잔칫집에 입고 가기가 부끄럽다며 어머니를 닦달하시던 생각이 떠올랐습니다. 줄에 매달려 있는 다리미나 아버지의 식사법은 같은 방식이었던 것입니다. 그래서 나는 '다리미'라는 객관적상관물을 이용하여 아버지의 고마움을 이야기하고 싶었습니다. 그렇지만 「아버지의 식사법」이란 제목을 붙여 '다리미'를 이야기한다는 것은 어찌 내 의도와는 다르게 흘러갔습니다. 그래서 「다리미의 식사법」이란 제목으로 '아버지의 일생'을 은유해낸 것입니다.

(2) 시의 출발점은 사물에서부터

일찍이 문덕수 시인은 "시의 출발점은 사물에서 출발하여야 한다."고 말했습니다. 그러면서 "사물은 관념 저쪽에 있다. 이쪽에 있는 것은 관념이다. 관념과 사물을 엮어서는 안 된다."라고 말합니다. 많은 시인들이 종교에 귀의합니다. 기독교와 불교를 믿는 시인의 수가 믿지 않는 시인의 수보다 많다는 조사결과가 있습니다. 시인은 종교를 떠나야 합니다. 이 말은 종교를 믿지 말라는 말이 아닙니다. 종교시는 찬양밖에 모릅니다. 칭송할 수밖에 없습니다. 냉철한 비판과 서로 다른 결합을 통해 새로움을 창출해야 하는 것이 문학일진대 칭송할 수밖에 없는 환경이라면 그것은 좋은 문학작품이 생산되기 어려운 환경이라는 말입니다. 북한문학은 칭송과 선동의 문학입니다. 김정은을 칭송하고 공산체제의 우월성을 선동합니다. 그러기 때문에 안 읽어봐도 다 결말을 짐작할 수 있는 문학입니다. 문학이 정치의 시녀가 되어서는 안 됩니다. 진보든 보수든 문학으로 이념을 선동하는 일은 위태로운 일입니다. 어머니나 아버지를 시제로 하는 것도 마찬가지의 이치입니다. 우리 어머니는 무얼 하셨고, 우리 아버지는 어떤 분이었다는 것을 시로 쓴다고 가정해 봅시다. 아버지를 나쁘게 쓸 수는 없지 않나요?

나는 뿔이 많습니다
아무 때나 뿔이 납니다
중학교를 안 보내준다고 했을 땐
뿔이 풀밭처럼 무성했습니다

중학교를 졸업하고 공장에 갔을 땐
뿔이 많이 길었습니다
대학가고 싶은 나를 보고
공무원 다니라던 아버지를
받아도 보았습니다
몇 번 망한 나를 가둘 외양간이 없어졌을 때
내 뿔은 쥐뿔이 되었습니다
세상을 향해 뿔을 마구 휘둘렀을 때
나에게 받힐 것은 아무것도 없는
내 뿔은 개뿔이었습니다

고뿔이 든 채 밤을 새워 시를 쓰고도
사무실 임대료를 걱정해야 하는
나는 아직도 뿔이 납니다
무엇이라도 치받고 싶은 나는
엉덩이에 뿔난 못된 송아지입니다

— 졸시 「뿔」 전문

이 시는 한국현대시인협회 이사장을 지낸 유승우 시인의 「뿔」을 읽고 쓴 시입니다. 뿔은 분명 소, 염소, 사슴 같은 짐승의 머리에 난, 단단하고 뾰족한 물질이지요. 그런데 뿔은 동음이의어입니다. 상대방을 들이받는 뿔도 있지만 화가 날 때도 뿔이라고 합니다. 말하자면 뿔이라는 사물을 가지고 쓴 말놀이 시입니다. 뒤에 나오겠지만 묘사시의 일종인 것입니다. 많은 사람들은 껍데기를 지니고 삽니다. 시에서 우리 할아버지는 영의정을 하셨고, 나는 어느 대학을 나왔고, 우리 집은 몇 평짜리 아파트인가를 언급하는 것은 초등학생과 같은 행

동입니다. 그런 달팽이 껍데기와 같은 등짐을 지고 언덕을 오를 수 없습니다. 아무리 귀중한 짐이라도 짐은 먼 길을 가는데 무겁거나 산길을 가다 보면 걸려서 앞으로 진행하기가 힘들 것입니다. 짐을 버리고 완전히 시 속으로 파고들어야 합니다. 시와 내가 한 몸이 되려면 시에 살아야 합니다. 시는 밥에도 있고 잠에도 있으며 모든 생각과 소재는 시가 될 수 있습니다.

　우리는 성철스님이 말씀한 "물은 물이요 산은 산이로다."를 곧잘 되새기게 됩니다. 눈을 감고 그 뜻을 되새겨봅시다. 그 뜻은 사람은 사람다워야 한다는 말일 것 같습니다. 물은 물다워야 합니다. 물답다는 말은 무엇일까요? 깨끗해야 한다는 말입니다. 누구에게나 효용이 있어야 한다는 말입니다. 그리고 자신을 낮추어 아래로 흘러야 한다는 말입니다. '산은 산이로다.'라는 말을 음미해봅시다. 산은 산다워야 한다는 말입니다. 산이 산답게 되려면 어떻게 해야 할까요? 우선 포용해야 한다는 말일 것 같습니다. 산은 잡목도 잡초도 하늘도 물도 모두 긍정하고 품어줍니다. 오지랖이 넓은 산에게 우리는 수도 없이 올라가서 안깁니다. 산에다 해대는 끊임없는 메아리, 하소연, 자살 등을 산은 보고도 못 본 체합니다. 그러면서 끝없이 푸르름을 향해 걸어갑니다. 그들은 말하지 않습니다. 대화란 입으로만 하는 게 아님을 그들은 몸으로 보여줍니다. 그들은 듣기만 하면서도 시시때때로 웃으며 서로의 말을 알아듣습니다. 그들은 진리는 푸른 것이라고 몸으로 말합니다. 말하지 않아도 듣는 자는 우리며 말해야 듣는 자는 타자라고 가르칩니다. 말하고 있을 때 지나치는 것이 세월이고 듣고만 있을 때 세월도 동안거에 든다고 산은 겨울을 통해 우리를 가르칩니다. 그런데 이승하 시인처럼 치부를 드러내야 비로소 내가 나타날 수 있음을 우리는 알아야 합니다.

    물수건으로 아버지의 몸을 닦기 시작한다
    엉덩이를, 사타구니를, 허벅지를 닦는다
    간호사의 찡그린 얼굴을 떠올리며
    팔에다 힘을 준다
    손등에 스치는 성기의 끄트머리
    진저리를 치며 동작을 멈춘다
    잠시, 주름져 늘어져 있는 그것을 본다

    내 목숨이 여기서 출발하였으니
    이제는 아버지의 성기를 노래하고 싶다
    활화산의 힘으로 발기하여

세상에 씨를 뿌린 뭇 남성의 상징을
이제는 내가 노래해야겠다
우리는 모두 이것의 힘으로부터 왔다
지금은 주름져 축 늘어져 있는
아무런 반응이 없는 하나의 물건

나는 물수건을 다시 짜 와서
아버지의 마른 하체를 닦기 시작한다

— 이승하 「아버지의 성기를 노래하고 싶다」 부분

이 시는 중앙대학교 문예창작학과 교수인 이승하 시인의 시입니다. 그런데 시 속의 아버지는 이승하 시인의 아버지가 아닙니다. 친구 아버지의 장례식에 갔다가 염하는 장면을 보고 쓴 시라고 합니다. 이 시가 지상에 발표되었을 때 이승하 시인은 "왜 아버지가 돌아가셨는데 연락을 안 했느냐?"며 많은 지인으로부터 위로전화와 추궁을 들었다고 합니다. 만일 이승하 시인이 자기 아버지의 이야기가 아닌 친구 아버지의 이야기이므로 '친구 아버지'라는 식으로 시를 썼다고 가정해 봅시다. 그러면 아마도 남의 이야기임으로 아무도 안타깝게 여기지도, 시에 대하여 감동하지도 않았을 것입니다. 이처럼 시는 사물로 써가야 하는데, 보고 들은 것을 내 이야기로 써 내려가야 합니다.

(3) 리듬을 통한 시창작

시를 크게 두 가지로 구분해보면 음악적인 시 즉, 운율[리듬(rhythm)]를 중시하는 정형시와 둘째 회화적인 시, 심상(이미지)을 중시하는 자유시로 구분할 수 있습니다

그럼 한국시의 특징은 무엇인가요? 그 질문에 대한 답은 여러 가지가 있겠으나 우선 한국시는 우리네 서민들의 한을 어떻게 운반해 왔느냐에 초점을 맞출 필요가 있습니다.

사람의 감정을 운반하는 방법을 크게 나누면 음악적인 방법과 회화적인 방법으로 나눌 수 있습니다. 전자인 음악적인 방법은 시에 리듬을 넣어 음악화하는 방법이고 후자의 방법은 시에 이미지를 넣어 회화화하는 방법입니다.

후자의 방법은 현대시에 발달한 기법이지만 여러 사람이 공감하게끔 노래로 만들어 부르기가 어려운 반면, 전자의 방법인 리듬을 창조하는 방법은 노래로 만들어 우리의 답답한 가슴을 달래줄 수 있기에 전통적으로 우리나라의 시는 리듬을 창조해왔다는 데 주목됩니다.

리듬, 다시 말해서 운율은 어떻게 창조할 것인가? 또 '어떤 운율이 우리 민족을 즐겁게 해왔는가?'는 시창작에 있어 매우 중요한 문제입니다.

운율의 운(韻)은 같거나 비슷한 음이 규칙적으로 행이나 연의 일정한 위치에서 반복되어 나타나게 하는 방법이고, 율(律)은 수량적, 기계적으로 반복되게 하는 방법인데 우리는 이를 통틀어 운율이라고 합니다. 운율 창조의 방법에는 여러 가지가 있겠으나 두운이니 요운

이니 각운이니 하는 위치에 따른 운율법이나, 내재율이니 외형률이니 하는 식의 율격이 드러나고 안 드러나고의 차이를 논하기보다는 '얼마만큼 우리 민족의 정서와 가까운가?'를 살펴볼 때 필자는 'ㄹ(리을)'이 대단한 역할을 해왔다는 것을 발견하였습니다.

서민들이 외로움이나 그리움, 그리고 고된 생활을 겪고 거치며 이를 이겨나가느냐 하는 데는 'ㄹ'의 반복을 통해 한을 달래고 흥을 돋우며 설움을 기쁨으로 승화하여 왔다고 봅니다.

그 예를 살펴보면,

아리랑 아리랑 아라리요 아리랑 고개로 넘어간다

— 전래민요 「아리랑」 부분

날 좀 보소 날 좀 보소 날 좀 보소 동지섣달 꽃 본 듯이 날 좀 보소

— 전래민요 「밀양 아리랑」 부분

살어리 살어리랏다 청산에 살어리랏다 머루랑 다래랑 먹고 청산에 살어리랏다
울어라 울어라 새여 자고 닐어 울어라 새여 널라와 시름한 나도 자고 닐어 우니는도다
얄리 얄리 얄라셩 얄랄리 얄라

— 「청산별곡」 부분

등과 같이 옛 시들에도 'ㄹ'의 사용이 두드러지게 나타나는가 하

면 현대가요에서도 대단히 많이 나타납니다.

루루루루루루루루 루루루루루루
지금도 마로니에는 피고 있겠지
눈물 속에 봄비가 흘러내리듯
임자 잃은 술잔에 어리는 그 얼굴

- 박건호 작시 「그 사람 이름은 잊었지만」 부분

거리는 부른다 환희에 빛나는 춤추는 거리다
미풍은 속삭인다 불타는 눈동자
불러라 불러라 불러라 불러라 거리에 사랑아
휘파람을 불며가자 내일에 청춘아

- 강사랑 작시 「감격시대」 부분

라라라 라라라라 라라라 라라라라
라라라 라라라라 라라라 라라라라
내 창을 열어라 내 창을 열어라
꽃신 신고 오는 아지랑이 속에 내님아
내 꿈을 펼쳐라 내 꿈을 펼쳐라
파란하늘 가득 고운 꿈을 싣고 날아라

　　　　　　　- 양희은 작시·노래 「내 꿈을 펼쳐라」 부분

　이처럼 수많은 시들이 'ㄹ'을 통하여 물 흐르듯 우리 민족 정서를 노래하고, 역한 감정들이 순화되는 것을 볼 때 앞으로 우리 시인들이 얼마만큼 'ㄹ'을 갈고 닦아 시어로 채택하느냐에 따라 우리의 아픔도 즐거움 내지 희망으로 승화될 수 있다고 생각됩니다.

(4) 발상 차원의 8단계

일본의 시인 이또게이찌는 나무를 대상으로 한 '발상 차원의 8단계'라는 이론을 펴냈는데, 현대시에 있어 이 방법은 꽤 들어맞는 편이라 많은 시인들이 즐겨 쓰고 있는 방법입니다. 보통 시를 쓸 때는 이런 방법이 잘 들어맞지 않으나 관찰과 상상을 가미한 시에서는 효과적으로 쓰일 수 있어 예를 들면서 소개합니다.

다음은 오규원 시인의 「해와 미루나무」라는 시의 전문입니다. 이를 읽고 다음 단계에 이입해봅시다.

언덕 위에 미루나무 네 그루가 하늘을 지우고 서 있습니다
첫 번째 미루나무는 두 번째 미루나무보다 키가 작습니다
두 번째 미루나무는 세 번째 미루나무와 키가 같습니다
세 번째 미루나무는 네 번째 미루나무와 키가 같습니다
네 번째 미루나무는 첫 번째 미루나무보다 키가 큽니다
세 번째 미루나무는 까치가 앉아있는 두 번째 쪽으로 몸이 기울었습니다
두 번째 미루나무는 까치가 없는 첫 번째 쪽으로 몸이 기울었습니다
첫 번째 미루나무는 보이지 않는 언덕의 밑으로 몸이 기울었습니다
두 번째와 세 번째 쪽으로 몸이 기운 네 번째 미루나무를 향해
몸이 기울지 않은 한 아이가 뛰어가고 있습니다
네 번째 미루나무 다음에는 강아지 한 마리가 다섯 번째로 서 있습니다

저 하늘에 있는 해가 구름을 자주 바꾸고 있습니다

― 오규원 「해와 미루나무」 전문

1단계 : 나무를 나무 그대로 나무로서 본다.

그냥 '저기 나무가 한 그루 서 있구나.'하는 정도로 보면 됩니다. '어, 나무가 한 그루 있네.'라든지, '무슨 나무지?' 정도의 궁금증이 이 단계라고 보면 됩니다. 이 단계를 오규원의 시「해와 미루나무」에서 살펴보면 다음 단계는

　　① 언덕 위에 미루나무 네 그루가 하늘을 지우고 서 있습니다

1단계 수준의 관찰입니다. 그냥 언덕 위에 미루나무 네 그루가 있고 하늘에 구름이 밀려가고 지워지고 하는 단계를 말합니다.

2단계 : 나무의 종류나 모양을 본다.

그 다음에는 "느티나무구나. 허, 크기도 하다. 그런데 왜 가지가 저렇게 잘려있지?" 그런 정도로 나무에 관심을 보이기 시작합니다. 그리고 나면 세밀하게 관찰이 이루어집니다.

　　① 언덕 위에 미루나무 네 그루가 하늘을 지우고 서 있습니다
　　② 첫 번째 미루나무는 두 번째 미루나무보다 키가 작습니다
　　　두 번째 미루나무는 세 번째 미루나무와 키가 같습니다
　　　세 번째 미루나무는 네 번째 미루나무와 키가 같습니다
　　　네 번째 미루나무는 첫 번째 미루나무보다 키가 큽니다

위와 같은 단계입니다. 서로가 크고 작음을 관찰하는 단계가 2단계라고 보면 됩니다.

3단계 : 나무가 어떻게 흔들리고 있는가를 본다.

"바람이 부네, 비가 온다고 했나? 하늘은 맑은데 왜 바람이 불지? 저 부러진 나뭇가지에서 누가 목이라도 맨 것은 아닐까?" 그런 호기심으로 나무를 바라보게 됩니다. 그러면 나뭇잎이 어떻게 흔들리고 있는 지에 대하여 더욱 관심이 가게 되는 것입니다.

그 다음 관찰단계는 '미루나무에 무엇이 있는가?' '어떻게 흔들리고 있는가?'에 관한 관찰을 하는 단계입니다. 그래서 오규원 시인은 미루나무에 까치가 앉아 있고 없는 것을 관찰하면서 어느 쪽으로 몸이 기울었는지 세심히 관찰하고 있습니다.

① 언덕 위에 미루나무 네 그루가 하늘을 지우고 서 있습니다
② 첫 번째 미루나무는 두 번째 미루나무보다 키가 작습니다
　두 번째 미루나무는 세 번째 미루나무와 키가 같습니다
　세 번째 미루나무는 네 번째 미루나무와 키가 같습니다
　네 번째 미루나무는 첫 번째 미루나무보다 키가 큽니다
③ 세 번째 미루나무는 까치가 앉아 있는 두 번째 쪽으로 몸이 기울었습니다

4단계 : 나무의 잎사귀가 흔들리고 있는 모습을 세밀하게 본다.

"이상하다. 이제 보니까 나뭇잎이 모두 톱날처럼 되어 있네. 그것 참 희한한 일도 다 있다. 태풍이 불 때마다 저 톱들이 모두 바람을 잘게 잘랐구나. 그러면 그렇지! 저렇게 무수하게 많은 나뭇잎들이 바람을 잘게 자르지 않았던들 가는 나뭇가지를 부러뜨리고도 남을 바람을 어떻게 견뎠겠어. 아마 이 세상 나무들이 모두 잎사귀가 없었다면 시원한 세상은 없었을 거야."

그렇게 남이 해보지 못한 생각이나 나만의 생각을 해보는 것입니다. 그래서 오규원 시인은 지금까지 ① 미루나무가 몇 그루 서 있는가? ② 어떤 나무가 키가 더 크고 작은가? ③ 미루나무 위에는 무엇이 앉아 있는가, 관찰을 넘어서,

① 언덕 위에 미루나무 네 그루가 하늘을 지우고 서 있습니다
② 첫 번째 미루나무는 두 번째 미루나무보다 키가 작습니다
　두 번째 미루나무는 세 번째 미루나무와 키가 같습니다
　세 번째 미루나무는 네 번째 미루나무와 키가 같습니다
　네 번째 미루나무는 첫 번째 미루나무보다 키가 큽니다
③ 세 번째 미루나무는 까치가 앉아있는 두 번째 쪽으로 몸이 기울었습니다
④ 두 번째 미루나무는 까치가 없는 첫 번째 쪽으로 몸이 기울었습니다

라면서 ④번과 같이 까치가 없는 나무는 없는가에 대하여 관찰하고 있는 것입니다.

5단계 : 나무 속에 승화하고 있는 생명력을 본다.
"참 신기하기도 하지. 겨울이면 그렇게 꽁꽁 얼던 나무가, 완전히 죽은 것 같던 나무가 저렇게 연초록의 예쁜 나뭇잎을 피워 내다니. 사람들은 한 번 실패하면 자살을 택하거나 노숙자가 되는데 나무는 한 번도 겨울에 대하여 가뭄에 대하여 실망하거나 포기하지 않는단 말이야. 저 땅속에 어떻게 저렇게 많은 초록색이 들어있을까? 바위 틈에 들어있는 초록을 길어 올리는 뿌리들을 보면 정말 대단한 실력이란 말이야."라며 감탄해보는 것도 한 방법이 됩니다.

① 언덕 위에 미루나무 네 그루가 하늘을 지우고 서 있습니다
② 첫 번째 미루나무는 두 번째 미루나무보다 키가 작습니다
　두 번째 미루나무는 세 번째 미루나무와 키가 같습니다
　세 번째 미루나무는 네 번째 미루나무와 키가 같습니다
　네 번째 미루나무는 첫 번째 미루나무보다 키가 큽니다
③ 세 번째 미루나무는 까치가 앉아 있는 두 번째 쪽으로 몸이 기울었습니다
④ 두 번째 미루나무는 까치가 없는 첫 번째 쪽으로 몸이 기울었습니다
⑤ 두 번째와 세 번째 쪽으로 몸이 기운 네 번째 미루나무를 향해
　몸이 기울지 않은 한 아이가 뛰어가고 있습니다

여기서 오규원 시인은 ①, ②, ③, ④의 관찰 즉 ① 미루나무가 몇 그루 서 있는가? ② 어떤 나무가 키가 더 크고 작은가? ③ 미루나무 위에는 무엇이 있는가? ④ 까치가 없는 나무는 없는가에 대한 관찰을 끝내고. 새로운 관찰 ⑤ '몸이 기울지 않은 아이'를 내세움으로써 새로운 국면, 즉 나무에 승화하고 있는 생명력을 '아이'라는 또 다른 객관적상관물로 승화하고 있습니다.

6단계 : 나무의 모습과 생명력의 상관관계에서 생기는 나무의 사상을 본다.

"저 느티나무는 꽃도 안 피우고, 맛있는 열매를 맺지도 않고 재목으로 쓰이지도 않는데 왜 사람들은 가로수로 심을까? 맞아. 단풍이 아름답기 때문이야. 사람은 말이야, 뭐니뭐니해도 노년이 좋아야 하는 거야. 무수한 과일나무, 소나무 잣나무 젖혀두고 저렇게 아무렇게나 자라는 느티나무를 가로수로 심는 것은 집은 소나무로 짓고 맛있는 과일은 사과나무 배나무에 열리지만, 세상에는 저 느티나무처럼

아무것도 가질 수 없이 낙엽마저 떨구지만 여유, 무소유가 그렇게 중요한 거야."

그런 나무의 시적 세상을 떠올려보는 것입니다.

그래서 오규원 시인은,

① 언덕 위에 미루나무 네 그루가 하늘을 지우고 서 있습니다
② 첫 번째 미루나무는 두 번째 미루나무보다 키가 작습니다
　두 번째 미루나무는 세 번째 미루나무와 키가 같습니다
　세 번째 미루나무는 네 번째 미루나무와 키가 같습니다
　네 번째 미루나무는 첫 번째 미루나무보다 키가 큽니다
③ 세 번째 미루나무는 까치가 앉아 있는 두 번째 쪽으로 몸이 기울었습니다
④ 두 번째 미루나무는 까치가 없는 첫 번째 쪽으로 몸이 기울었습니다
⑤ 두 번째와 세 번째 쪽으로 몸이 기운 네 번째 미루나무를 향해
　몸이 기울지 않은 한 아이가 뛰어가고 있습니다
⑥ 네 번째 미루나무 다음에는 강아지 한 마리가 다섯 번째로 서 있습니다

나무의 모습과 생명력의 상관관계에서 생기는 나무의 사상 즉. 강아지가 서 있는 모양을 통해서 나무는 사람과 동물이 함께 살아가는 공생공존의 관계임을 확인시켜줍니다. 나무가 무슨 사상이 있겠습니까? 그러나 나무는 홀로 살지 않습니다. 새들에게 어깨를 내어주고 풀에게 잎사귀를 내어주며 사람에게는 그늘을 내어주고 강아지에게는 오르고 싶은 욕망을 내어줍니다.

7단계 : 나무를 흔들고 있는 바람 그 자체를 본다.

나무가 흔들리고 있습니다. 나무는 왜 흔들릴까요? 나무가 바람을

흔들 수는 없을까요? 왜 바람은 자꾸만 나무에게 치근덕대는 걸까요? 바람은 무얼 낳을 수 있을까요? 바람의 형체는 무엇일까요? 바람은 정말 바람이 난 것일까요? 바람은 형체 없이 사라진다는 말은 틀린 말입니다. 바람은 꽃으로 나타나고 과일로 나타나며 때로는 나뭇가지를 부러뜨려 화를 내기도 하는 것입니다.

① 언덕 위에 미루나무 네 그루가 하늘을 지우고 서 있습니다
② 첫 번째 미루나무는 두 번째 미루나무보다 키가 작습니다
　두 번째 미루나무는 세 번째 미루나무와 키가 같습니다
　세 번째 미루나무는 네 번째 미루나무와 키가 같습니다
　네 번째 미루나무는 첫 번째 미루나무보다 키가 큽니다
③ 세 번째 미루나무는 까치가 앉아 있는 두 번째 쪽으로 몸이 기울었습니다
④ 두 번째 미루나무는 까치가 없는 첫 번째 쪽으로 몸이 기울었습니다
⑤ 두 번째와 세 번째 쪽으로 몸이 기운 네 번째 미루나무를 향해 몸이 기울지 않은 한 아이가 뛰어가고 있습니다
⑥ 네 번째 미루나무 다음에는 강아지 한 마리가 다섯 번째로 서 있습니다
⑦ 저 하늘에 있는 해가 구름을 자주 바꾸고 있습니다

여기까지 오면서 시는 끝이 납니다. 그런데 나무와 상관없는 해가 구름을 자주 바꾸고 있다고 말하는 의도는 무엇일까요? 마치 그 사람이 나를 힘들게 하거나, 마치 그 사람이 나 때문에 잘 살게 된 것인 양 사람들은 남의 탓을 합니다. 그런데 나무와 구름은 서로 너무나도 밀접한 상관관계를 가지고도 서로에게 무심합니다. 무심은 곧 최대의 관심입니다. 그 자리에 서 있는 것, 그 나무 위를 지나가는 것만으로도 나무는 구름에 대한 예의를 지키는 것이고, 구름은 나무

에 대한 사랑을 보이는 것입니다. 만일 구름이 날마다 비를 뿌린다면, 만일 구름이 단 한 번의 비도 뿌리지 않고 생겨나지 않는다면 나무는 이렇게 든 저렇게 든 모두 다 존재할 수 없는 것입니다.

8단계 : 나무를 매체로 하여 나무의 저쪽에 있는 세계를 본다.
나무는 왜 나무일까요? 나 무(無), 아무것도 가지지 않고 아낌없이 주기 때문에 나무일까요? 나 무(舞)는 아닐까요? 스스로 춤추며 살아가는 나무, 시시때때로 부드럽게 블루스를 추거나 격한 리듬의 탱고를 추면서 기쁨으로 살아가는 것은 아닐까요? 나무는 남 우(위)가 아닐까요? 남을 자신의 위에 올려놓고 살게 하는 나무입니다. 한자에 어버이 친(親)자가 있습니다. 어버이친(親)자는 설립(立) + 나무 목(木) + 볼견(見)자가 결합되어 만들어진 글자입니다. 우리말로 풀이하면 나무 위에 올라서서 아이가 오나 안 오나 바라본다는 어버이 마음을 상상해서 만들어진 글자입니다. 그러니 나무는 언제나 남을 위해 희생한다는 말이 아닌가요?
오규원 시인의 시 「해와 미루나무」를 다시 한 번 읽어봅시다.

> 언덕 위에 미루나무 네 그루가 하늘을 지우고 서 있습니다
> 첫 번째 미루나무는 두 번째 미루나무보다 키가 작습니다
> 두 번째 미루나무는 세 번째 미루나무와 키가 같습니다
> 세 번째 미루나무는 네 번째 미루나무와 키가 같습니다
> 네 번째 미루나무는 첫 번째 미루나무보다 키가 큽니다
> 세 번째 미루나무는 까치가 앉아 있는 두 번 째 쪽으로 몸이 기울었습니다

두 번째 미루나무는 까치가 없는 첫 번째 쪽으로 몸이 기울었습니다
첫 번째 미루나무는 보이지 않는 언덕의 밑으로 몸이 기울었습니다
두 번째와 세 번째 쪽으로 몸이 기운 네 번째 미루나무를 향해
몸이 기울지 않은 한 아이가 뛰어가고 있습니다
네 번째 미루나무 다음에는 강아지 한 마리가 다섯 번째로 서 있습니다

저 하늘에 있는 해가 구름을 자주 바꾸고 있습니다

— 오규원 「해와 미루나무」 전문

 이 시 「해와 미루나무」에서 오규원 시인은 무얼 말하려 했을까요? 오규원 시인은 우리가 해석한 것처럼 그렇게 심오하고 대단한 것을 말하려고 하지 않았을 겁니다. 이또게이찌의 말처럼 "나무를 매체로 하여 나무의 저쪽에 있는 세계"를 보려고 한 것입니다. 여기서 나무 저쪽에 있는 세계란 무엇일까요? 그런 세계는 없습니다. 오규원 시인은 그냥 한 폭의 풍경화를 그리고 있을 뿐입니다. 말하자면 시가 가지는 전달수단을 통하여 그림이 가지는 시각적 이미지를 전달하려고 했던 것입니다. 그러니까 우리는 시를 거창하게 생각하고 자신의 생각을 넣거나 무슨 이념을 끌어당겨다 억지로 버무려놓으려고 하지만 의미가 없는 시가 정말 의미를 가질 수 있음을 이또게이찌는 다시 한번 확인시켜주기도 합니다.
 아무튼 이또게이찌의 발상차원의 8단계 이론은 요즘 시를 쉽게쉽게만 쓰려하는 시인들에게 큰 교훈이자 방법을 가르쳐줍니다. 그러면 이또게이찌의 8단계 이론을 적용한 졸시를 예로 들어보겠습니다.

우산각공원에서 때 이른 느티나무 낙엽을 주웠다
쉬고 있는 그의 몸엔 나선형 톱니가 가지런하다
거세게 부는 바람을 잘게 잘라온 모양이다
혼자서 맞서기엔 너무나 무서웠겠지
칼날로 얇아지며 스스로 벼르고 있다
바람을 더 세밀하게 쪼개서 동료들이
시달리는 것을 방지했는지도 모른다
여름내 뜨겁게 부쳐대는 태양부침개
온몸으로 뒤집어댔는지 누렇게 구워져 있다
잎 가운데는 물고기 등뼈처럼 돋아있고
실뼈가 가지런히 추억을 새기고 있었다
연어처럼 모천을 거슬러 올라가고 있는 중이다
중앙에 큰 산맥이 있고 주변에 작은 산맥들이
아비를 따르는 자식들처럼 조용히 따르고 있다
그에게서 힘찬 물소리가 들린다

— 졸시 「느티나무 낙엽」 전문

 이 시는 필자가 오랫동안 출근하던 신설동역 스토리문학사 사무실 근처 우산각공원에서 대략 20년 전쯤 초여름에 쓴 시입니다. 지금은 녹번역 근처의 오피스텔로 이사를 했지만 《스토리문학》을 창간하던 초창기에는 할 일이 없어 늘 우산각공원이나 지금의 서울풍물시장 자리인 폐교였던 신설중학교에 들어가 낙엽을 줍고 계절의 오고 감을 보며 소일했던 적이 있었습니다. 그날도 일거리도 없고, 사무실에 방문하는 손님도 없는 데다가 막걸릿값도 없어서 우산각공원 벤치에 나가 앉아 시집을 읽고 있었는데 푸른 느티나무로부터 때 이른 낙엽 한 장이 책 위로 떨어졌습니다. 처음으로 낙엽을 이리저리 자세하게 살펴보게 되었습니다. 그런데 그 낙엽에는 그간 우리가 발견치 못한 여러 가지의 모양이 눈에 들어왔습니다. 우선 가장자리에 나선형 톱니가 가지런하게 나 있었고, 여름인데도 누렇게 구워져 있었으며, 잎 가운데에는 물고기의 등뼈 모양으로 돋아있었는데, 어찌 생각해보면 언젠가 올라가 본 국망봉 줄기의 광주산맥처럼 큰 산을 따르는 작은 산과 더 작은 산들이 이어지고 이어져 있었던 것입니다. 그러니 이또게이찌가 말한 발상차원의 8단계 이론에 근접한 시가 아닌가요?

제5강 漢字 詩를 통한 해석

제5강 漢字 詩를 통한 해석

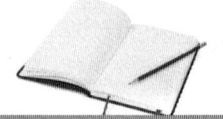

詩　한자 시(詩)를 가만히 살펴보면 말씀언(言)자 옆에 절사(寺)자가 들어있습니다. '시란 절이나 기도원 등의 사원에서 하는 말이다.'로 풀이할 수 있습니다. 사(寺)자란 절, 혹은 교회, 관청을 두루 일컫는 말입니다. 사원은 어떤 곳인가요? 우선 분위기가 근사할 것 같습니다. 그리고 하고 싶은 말만 하고 떠들어서는 안 될 것 같습니다. 게다가 자신의 소원을 비는 곳이며, 그간의 잘못을 반성하는 곳이기도 합니다. 그리고 무엇보다도 멋진 분위기의 사찰에는 다람쥐도 살고 새소리도 들리고 지붕의 멋스러움과 큰 기둥의 웅장함 등 관찰해야 할 것이 너무나 많습니다. 이런 곳에 가면 저절로 시가 써질 것 같아서 붙인 이름이 시라지만, 사실 이런 데 가서 좋은 시 써내는 사람은 그리 많지 않습니다. 염불보다 잿밥에 관심이 있다고 분위기 좋은 데 가면 시를 쓰려하지 않고 마음을 풀어놓고 쉬려 하기 때문인 이유도 있을 것 같습니다.

　그렇지만 우리는 이런 절의 기능, 기도원이나 수도사원의 기능을 가만히 살펴보면 시라는 말을 다음의 다섯 가지 방법으로 해석할 수 있을 것 같습니다.

(1) 분위기 있는 말

　새들이 지저귀는 조용한 산사, 물소리 들리고 풍경소리 들리는 그런 절에서는 저절로 시가 써질 것 같습니다. 우리는 모든 곳을 사원을 생각하고 시를 쓰면 됩니다. 그곳이 교회든 학교든, 커피숍이든 산이든 계곡이든 상관없이 내가 쓰려고 하는 그 장소에 대하여 운치 있고 멋진 말을 쓰면 그것이 절에서 하는 기능과 같은 말입니다. 다음 분위기 있는 졸시 한 수를 읽어봅시다.

　　　1967년 연곡리 산142번지 산자락에
　　　콩새네가 이사 온 것은 화전이라도 부쳐 먹고 싶은 소망이었다
　　　봄이면 꽃무릇 뿌리를 삶아 연명하고
　　　칡이나 씹는 것이 끼니거리였던 그 집
　　　외동딸은 영양실조로 밤이면 앞을 보지 못했다
　　　부녀회 작목반이 기르는 뽕나무밭 사잇길을 쓰러질 듯 걸어가는 그 아이
　　　저 콩새같이 가느다란 다리로 낭창낭창 걸어가는 앤 뉘 집 아이야
　　　그때부터 그 집은 콩새네로 불리었다
　　　아침이면 콩새들의 조잘거림을 빈 솥에 안치는 집
　　　돌담불 울타리에 핀 메꽃 웃음을 점심으로 먹는 집
　　　방죽 위로 드리운 저녁노을을 밥상으로 펼치는 집
　　　하얀 얼굴로 낭창낭창 걷던 콩새는
　　　어느 날 즐거운 방학 책 갈피 속으로 들어가고
　　　전학 간 그 아이는 우리들 가슴에 사는 텃새가 되었다

　　　　　　　　　　　　　　　　　　－ 졸시 「콩새네 집」 전문

위에 인용된 시는 저의 졸시로 1967년 보릿고개 시절 배가 고파서 산으로 산으로 파고드는 화전민들의 어려웠던 삶을 그린 시입니다. 풀뿌리와 나무껍질로 연명해야 했던 그 시절 내가 살던 동네 경기도 포천시 이동면 연곡리의 산142번지 산자락에 콩새네가 이사를 왔습니다. 콩새의 별명은 원래 그런 게 아니었습니다. 새마을부녀회에서 기르는 누에의 먹이인 뽕나무밭을 매던 중 한 부녀회원이 물었어요. "저 콩새같이 가느다란 다리로 낭창낭창 걸어가는 앤 뉘 집 아이야." 그때부터 그 집은 콩새네 집으로 불렸습니다. 이 시에서의 분위기는 너무나 슬픈 분위기입니다. 솥에 안칠 낱알이 없어 "아침이면 새들의 조잘거림을 빈 솥에 안치는 집 / 돌담불 울타리에 핀 메꽃 웃음을 점심으로 먹는 집 / 방죽 위로 드리운 저녁노을을 밥상으로 펼치는 집"은 말하자면 삼시 세끼를 아무것도 못 먹고 지낸다는 말입니다. 그렇게 어렵게 살던 콩새네는 어느 날 전학을 가버리고 영영 만날 수 없게 됩니다. 그래서 콩새는 "우리들 가슴에 사는 텃새"가 된 것입니다. 시에 있어 분위기라는 것은 지속적이고 일관되게 나타나야 합니다. 슬펐다가 웃었다가 해도 안 되고 가난했다가 부자가 돼서도 안 됩니다. 가난한 분위기를 쭉 이끌고 나가야 독자로 하여금 카타르시스를 느끼게 합니다.

　　고요한 날에 비가 내리면
　　난 문밖의 여자이고 싶다
　　잡다한 일상들 모두 잊고
　　조용히 빗길을 걸어가고 싶다
　　손잡이가 긴 우산을 펼쳐 들고

젖은 옷자락을 펄럭이며
나, 먼 곳으로 떠나고 싶다
다시 못 올 날들이여
반짝이던 눈동자여 안녕!
너에게 이별을 고한다
다소 위안이 되었노라고
내, 너에게 필요치 않은 말도 하리라
비가 내리는 날이면
난 문밖의 여자가 된다
오랜 시간 동안 난 자유로운
문밖의 여자이고 싶었다

― 송옥임 「문밖의 여자」 전문, 시집 『문경장 모퉁이에서』 (문학공원)

이 시는 시인의 내면 상태를 표현한 시입니다. 말하자면 분위기를 묘사했다고 할 수 있지요. '문밖의 여자'란 어떤 여자일까요? 여기서 문이란 집을 의미합니다. 집이란 안정, 화목을 상징하지만, 신여성, 전문직업인, 예술가와는 상반된 말이기도 합니다. 따라서 '문밖의 여자'는 '집 나온 여자'가 아닙니다. '방황하는 여자'가 아닙니다. 기존의 나를 보다 새로운 환경에 놓고 싶은 여자입니다. 그녀가 늘 문밖의 여자가 되고 싶은 것은 아닙니다. 비가 내리는 고요한 날에만 문밖의 여자가 되고 싶은 것입니다. 평생 화훼농사를 지어온 송옥임 시인은 맑은 날이면 일에 충실하고, 비가 내리는 고요한 날에만 "잡다한 일상들 모두 잊고 / 조용히 빗길을 걸어가고 싶"은 것입니다. 비가 내리면 영화를 보거나 카페에 가서 우아하게 커피를 마시고 싶은 것입니다. 때론 카페 창가에 앉아 시를 쓰거나, 공연히 턱을 괴고 사색에 잠기고 싶은 것입니다. 지극히 자연스러운 욕망입니다. "손잡이가 긴 우산"은 다른 세상을 향한 욕망의 표출입니다. 좀 센치멘탈하고 좀 우수가 깃든 모습으로 방황하는 듯, 긴 우산을 받치고 빗속을 거니는 여인에게서 나는 새로운 이데아를 향해 꿈꾸며 걸어가는 여인을 발견합니다. 결국 '문밖의 여자'는 시를 쓰는 여자입니다. 특별한 감정에 몰두하는 여자입니다. 창밖에 매달린 한 장의 담쟁이 잎에 대하여 오 헨리는 「마지막 잎새」라는 불후의 단편소설을 남겼습니다. 윤동주는 후쿠오카 감옥의 한 뼘의 작은 창살을 통하여 "죽는 날까지 하늘을 우러러 / 한 점 부끄럼 없기를 / 잎새 이는 바람에도 나는 괴로워했다"고 했습니다. 이 세상의 의미는 크고 위대한 것에서 발견하기 어렵습니다. 에베레스트산을 오르고, 이구아수폭포나 그랜드캐니언을 가봐야 인간이 나약하다는 것을 느낄 수 있을 뿐입니다. 구르는 조약돌에 생의 방법이 있고, 작은 들창에 우주가 있다는 것을 송옥임 시인은 잘 알고 있습니다. 그래서 그녀는 자신을 문밖, 즉 생활의 밖에 둡니다. 관심사를 먹고사는 일 밖에 두는 것입니다. 그런 일은 옛 성현들이 하던 일입니다. 결국 '문밖의 여자'는 송옥임 시인 자신의 마음 분위기를 묘사한 말이기도 합니다.

   졸시를 몇 수 더 읽어보겠습니다.

      염소는 하루를 들이받는 일로 소일한다
      구름을 들이받고
      잠자리를 들이받고
      심심한 오후를 들이받는다

그리고는 혼자
매에헤 매에에 웃는다
자기가 들이받은 코스모스와 개망초는
고개를 저으며 더 크게 웃는다
아무리 들이받으려 해도 받히는 것이 없는 염소 앞에서
환경을 들이받고
직장을 들이받고
스스로를 들이받아
제풀에 지치며 마음에 상처를 냈던 지난 시절을 생각한다
받는다는 것은 준다는 것
아무런 대가 없이 구름과 들꽃과 바람과 순수를
끊임없이 보내온 데 대한 감사함에
나는 염소가 된다

— 졸시 「염소가 되다」 전문

태양을 싣고 온 인력거가
서산 언덕배기 토담집에 머물고
세월의 채찍도
챌린저 2호 우주왕복선도
별과 함께 졸고 있다 다만 저 한탄강물이
밤의 유혹을 돕기 위해 흐르고

죄악의 방황이 백주에 머물다가
땅거미가 질 무렵 고삐를 당겨
말 머리카락을 곱게 빗기어

마구간에 매고
　　굶주렸던 사념의 머리를 쳐들고
　　마부꾼이 방문을 들어선다

　－ 졸시 「밤의 찬가」 전문, 1978년 작, 시집 『광대이야기』(1984, 포푸리북), 김인배 색소폰 연주자의 연주곡

(2) 성찰하는 말

　사람들이 수도원에 들어가는 것은 수양을 위한 것입니다. 평생 스님이나 비구니로 사는 것도, 신부나 수녀로 사는 것도 자신을 수양하며 자기를 구원하기 위함인데 그 방법으로 봉사를 택하는 것이라고 생각합니다. 그러니 시의 기능에 있어 자기 성찰은 대단히 중요합니다.

　　　작은 돌 모난 돌로 엉성한 담장을 쌓아놓고
　　　시인이다 교수다 위선했습니다
　　　제 구멍이 숭숭 뚫린 줄 모르고
　　　남의 바람을 막아주는 척 했습니다
　　　스스로 모나서 상처 주는 줄 모르고
　　　남의 상처를 치유하려 들었습니다
　　　모난 주제에 예쁜 호박 하나 올리려 했습니다
　　　붉은 장미 넝쿨 얹어보려 했습니다
　　　아래에다 꽃을 심어 치장하려 했습니다
　　　제 흉을 담쟁이넝쿨로 가리려 했습니다
　　　담장이 있어야 꽃이 피는 것이 아니듯
　　　담장으로 지킬 수 있는 것 또한 아무것도 없기에

　　　이제 아는 사람들과의 사이에 쌓았던
　　　견고한 마음의 담장을 허뭅니다

　　　　　　　　　　　　　　- 졸시 「돌담장의 의미」 전문

이 시는 제가 누구를 가르치고 있다가 문득 반성하는 마음이 들어서 쓴 시입니다. 가만히 생각해보니 나는 돌담장 같은 역할을 하는 것처럼 느껴졌지만 실상은 내 몸에 구멍이 숭숭 난 사람이었습니다. 그래서 저 스스로를 반성하며 그런 시를 쓰게 되었습니다.

박살이 나도 좋을 청춘이여!
몰려오는 먹구름에 대하여
무게를 안고 미동도 않는 바위처럼
우직함의 네 어깨에 세상의 멍에를 메고
커피 한 잔 곁들이며 고뇌를 풀고
보라! 네 할 일이 저기 무던히도 많으나
한겨울의 시련도 불타는 입김으로 녹이고
너와 나, 서로의 가슴을 부비며
성난 파도 뒤엔 끝없는 바다가 있나니
바위가 모래처럼 부서져도
모래엔 할 일이 있나니라

가라, 박살이 나도 좋을 청춘이여

− 졸시 「박살이 나도 좋을 청춘이여」 전문, 시집 『박살이 나도 좋을 청춘이여』, 『스무 살엔 스무 살의 인생이 있다』 (랜덤하우스)

이 시는 제가 스무 살 때 쓴 시입니다. 고등학교 졸업을 즈음하여 친구들과 포천시 이동면 연곡4리에 위에 보이는 국망봉 줄기의 도성고개를 넘어 경기도 가평군 명지산 기슭으로 야영을 떠났습니다. 그 때 저는 각오를 다졌습니다. 한 번뿐인 인생이니 박살이 나도 좋다는 각오로 살아보겠다고 마음을 먹었습니다. 훗날 이 시는 중앙일보사가 운영하는 랜덤하우스라는 대형출판사에서 정호승, 신달자, 안도현, 김용택, 김선우 등 유명시인 수십여 명과 함께『스무 살엔 스무 살의 인생이 있다』라는 공동시집을 펴냈는데 그곳에 실린 시로써 제 시 「박살이 나도 좋을 청춘이여」와 「단추」란 시가 맨 앞에 연거푸 실렸습니다.

    해는 연기 없이 타는 줄 아니
    낮 동안 그을린 하늘은 까만 밤이 되고

    해는 소리 없이 타는 줄 아니
    마른 하늘에 천둥이 치고

    해는 눈물 없이 타는 줄 아니
    깊은 슬픔 마침내 소나기 뿌리고

    해는 날마다 신나게 타는 줄 아니
    시큰둥 타다가 겨울이 되고

    해는 스스로 타는 줄 아니
    기를 뽑아 때기에 사람들은 늙어가고

    해는 막무가내 타는 줄 아니
    조심조심 불 피워 새싹을 틔우고,

      - 졸시 「해는」 전문, 지하철 5호선 양평역 스크린도어 게재시

▲ 졸시 시화 「해는」

  이 시는 해가 뜨는 것을 성찰하여 쓴 저의 졸시입니다. 해는 날마다 떠오르지만 날마다 떠오르는 이유가 다릅니다. 그런데 우리는 해에 대하여 관찰해보지 않았습니다. 그러나 가만히 생각해보면 해가 뜨는 이유는 정말 여러 가지입니다. 저는 그것에 착안하여 위와 같은 시를 써서 서울지하철 5호선 양평역 스크린도어에 게재되어 있습니다.

      산은 우리에게 젖을 물리고
      열매를 먹이며 어깨를 두드려 격려하지만

      때로 산은 우리의 물병을 빼앗고
      어깨를 누르며 어서 돌아가라 쫓기도 하지

      산은 진실로 아낄 때 유순하며

함부로 대할 때 무섭게 화를 내지

오르는 것만이 등산은 아니지
등산은 무사히 빈손으로 돌아가는 것

산에게 받으려고만 한 우리가
산에게 무엇을 드렸던가

우리가 산에게 드릴 것은
오직 감사요 순응이다

― 졸시 「산과 우리」 전문

  이 시는 제가 등산을 좋아해서 한국문인산악회와 은평구의 서울솔개산악회, 청계산악회, 인동산악회, 그리고 포천고등학교와 이동중학교 친구들의 산악회에 다니면서 생각하여 쓴 시입니다. 우리는 산에서 무얼 얻으려고만 했지요. 그런데 가만히 생각해보니까 우리가 산에게 드릴 것은 감사와 순응뿐이 없는 것 같아요. 이 시는 수많은 산악인들이 카페에 가져다 놓고 쓰는 시입니다. 응암등산회에서 펴낸 20년사, 30년사의 뒤표지에도 실렸지요.
  몇 수 더 읽어보겠습니다

사람의 첫 단추는 어디일까
출생일까
부모의 결합이 자신의 처음이 아닐까
학교의 졸업을 첫 관문이라 할 수 있을까

첫 직장일까
본인의 결혼일까

인생의 첫 단추는 내가 가고자 한 길을
처음 시작한 날이 아닐까
나는 글을 쓰며 살고자 꿈꾸어 왔으니
그 꿈이 있던 열다섯에 첫 단추를 꿴 것이 아닐까

아니다
나의 첫 단추는 지금이다
나는 지금부터
나로 말미암아 나를 아는 누구든 기뻐하며
누구든 해가 되지 아니하며
나로 하여금 그가 득 되게 도와주며 살리라
그리하여 늘 새로운 단추를 꿰리라
육(肉)과 영(靈)을 다하여

- 졸시 「단추」 전문, 『스무 살엔 스무 살의 인생이 있다』 (랜덤하우스)

(3) 관찰하는 말

　흔히 '시는 보는 만큼 쓴다.'고 합니다. 얼마만큼 보는 시야를 가졌느냐가 시의 관건이라고 합니다. 그래서 어떤 시인은 "시는 쓰는 것이 아니라 받아쓰기다."라고 말하기도 합니다. 이 말은 사물을 어떻게 바라보느냐를 말해줍니다. 나뭇잎을 가만히 바라보고 있자면 톱니처럼 되어있습니다. 태풍이 불어올 때 여럿이 나서서 태풍을 자르기 위함일 겁니다. 별 쓸모가 없을 듯한 발가락이 다섯 개나 되는 것은 손과의 형평성을 갖추려는 것만은 아닌 듯합니다. 그 가는 다리로 직립보행을 하는 인간이 평형감각을 유지하기 위해 발가락이 필요한 것입니다. 발가락으로 땅을 당겨서 앞으로 나아가면서 돌멩이가 있는 땅이나 평지 위를 모두 편히 걸을 수 있도록 진화되었을 겁니다. 그렇듯 관찰은 시에 있어 매우 중요합니다. 저의 졸시 몇 수를 읽어보면서 공부해봅시다.

　　　　감자는 눈으로 아이를 낳는다
　　　　우묵한 눈으로 어두운 땅속 세상을 바라보았다가
　　　　무르고 기름진 땅을 골라 아이를 낳는다
　　　　씨감자의 눈에서 나온 탯줄로 길러지는 감자의 아기
　　　　씨감자는 두 토막 세 토막 잘린 몸으로도 본분을 잃지 않고
　　　　한 번도 나가보지 않은 세상으로 새싹을 밀어 올린다
　　　　무서운 세상에 나와 그 여린 잎으로 햇볕을 모으고
　　　　바람을 끌어들여 제 숨을 나눠주며 어린 감자를 길러낸다
　　　　그리고 마침내 제 몸보다 큰 감자를 길러냈을 때
　　　　제 눈보다 많은 감자를 길러냈을 때

감자 싹은 시들고 감자는 땅속에서 일가를 이룬다

자식이 눈에 밟혀 못 먹겠다거나
눈에 넣어도 시지 않다던 우리네 엄마가
그윽한 눈으로 우리를 길러냈던 것처럼

- 「감자의 눈」 전문

몇 년 전 고향 경기도 포천 이동에서 동생이 심어놓은 감자를 캐게 되었습니다. 감자 싹을 들어 올리자, 감자가 주렁주렁 매달려 올라옵니다. 그래서 가만히 살펴보니 감자 심을 때 생각이 났습니다. 감자 씨는 감자의 눈 숫자에 따라 감자를 반 혹은 세 토막, 네 토막으로 잘라서 사용합니다. 우묵한 감자 눈에서 나오는 감자 싹은 태가 되는 감자 씨의 영양분과 수분을 먹고 뿌리가 내릴 때까지 자랍니다. 감자 싹은 막 겨울이 지난 후라 밤이면 영하를 오르내리는 날씨에도 얼어 죽지 않고 견디면서 매우 빠른 성장을 보입니다. 4월 중순쯤에 감자를 심어서 6월 말이나 7월 초면 수확하니까 고작 3개월 동안의 생장기간 동안 감자를 키우기 위하여 감자 싹은 무진

애를 쓰며 햇볕을 그러모으고 바람을 끌어들여 탯줄로 이어진 어린 감자들에게 숨을 나누며 감자를 키울 겁니다. 그리고는 씨감자는 마치 고향으로 돌아와 산란 후에 제 새끼들의 영양분이 되기 위해 죽는 연어들처럼 숭고하게 죽어가고 맙니다. 이는 자식들에게 모든 영양분을 나누어주고 깡마른 몸으로 작고하시는 우리네 어머니들의 삶과 다를 바가 없다고 생각합니다. 사물을 잘 관찰하시면 그 속에 시가 들어있습니다. 관찰시 한 수 더 읽어보겠습니다.

> 이사 가는 집 벽 한켠에 밥상 하나 버려져 있다
> 군데군데 상처가 나고 다리가 삐걱거리는 밥상
> 한 식구의 생사가 저곳에서 해결되었으리
> 아이들이 배고프다며 밥 달라고 아우성을 치고
> 엄마는 고작 계란프라이를 지져내면 아이들은 최고의 만찬을 대했으리
> 뚝뚝 흘리는 자장면 면발과 밥풀들을 받아내면서
> 맨날 김치뿐이란 투정이 아이를 위로위로 밀어올렸으리
> 때로는 실직한 가장이 비통한 술잔을 기울이면
> 아내는 옆에서 말없이 바라보았으리
> 생일 케이크가 수도 없이 올라가고
> 축가를 부르며 박수 치는 고사리손에 축복이 내렸으리
> 문득 그 가계의 숟가락 부딪는 소리가 들려온다
> 긴 장대를 일사불란하게 두들기는 한 부족의 축제가 들려온다
> 숲을 이루던 한 나무의 생을 외면할 수 없어
> 누가 볼까 슬쩍 가져다가 줄을 두르고 종이를 붙여 리폼을 한다
> 하여 나는 책이 된 나무와 책꽂이가 된 나무와 책상이 된 나무와
> 찻상이 된 나무의 저 아늑한 숲에서 오래오래 살기로 한다
> — 졸시「버려진 밥상을 리폼하다」전문

전에 제가 살던 불광동의 언덕을 올라가는 데 옻칠을 한 밥상이 하나 버려져 있었습니다. 시에서 쓴 것처럼 누가 볼까 슬그머니 가져다가 선물 받은 포장지 종이가방을 펴서 붙이고 그 위에 아스테이지를 덮은 후 테두리에다 밧줄을 둘러 리폼했더니 정말 근사한 밥상이 되었습니다. 그 밥상을 가만히 들여다보니 밥상을 사용하던 집 식구들의 목소리가 들리는 것 같았습니다. 아이들이 밥투정하는 소리와 남편의 소주잔 기울이는 소리 등이 연상되었습니다. 그렇지만 그 밥상은 이제 제 서재에 들어와 찻상이 되었습니다. 가만히 생각해보니까 제 서재에 있는 책꽂이도 나무로 되어있고, 책상도 서랍장도 나무로 되어있는 데다 찻상까지 나무로 되어있으니 저는 숲에서 살고 있었던 겁니다. 그렇게 생각하니까 새소리도 들리고 물소리도 들리더군요. 도마, 안경, 책 등 지금 여러분 옆에 있는 물건을 자세히 관찰해보세요. 도마가 수없이 제 몸이 깎이는 아픔을 참아내며 우리들의 먹을거리를 제공해주는 것이 보일 겁니다. 안경이 자신은 글 한 줄 모르면서 우리들에게 문맹퇴치를 위하여 가파른 콧등 위에 얹혀 위태로움을 무릅쓰고 깨알 같은 글씨를 읽어주는 감사함이 보일 겁니다.

침대는 또 홍건히 젖었다
초경을 하는 소녀처럼 붉어진 얼굴
곤히 자는 남편이
심보 사나운 상사처럼 밉다
사사건건 트집 잡던 늙은 여우
하루에도 몇 번씩 붉으락푸르락
하긴 문을 닫는 시간이 조용하면 쓰나
여자로 살다 여자를 접는데
접시 몇 개쯤은 깨져야 정상이지
집 밖을 떠돌던 남편은
어느새 토끼보다도 더 순해져서
매일매일 풀을 받아먹고
스스로 쳐놓은 울타리에서 귀를 세우는데
승천하지 못한 용 한 마리
밤마다 이불 속에서 몸을 비튼다
오늘 밤 폭우가 쏟아지리라

— 이연분 「여자를 접는 밤」 전문, 시집 『한밤중의 돌고래쇼』 (문학공원)

 이 시는 갱년기를 겪고 있는 이연분 시인이 자신의 몸을 관찰한 시입니다. 봉건사회에는 남자와 여자가 있었습니다. 근대사회에는 여자와 남자가 있었습니다. 그러나 현대사회에는 남자와 여자도, 여자와 남자도 없습니다. 다만 젠더만 있을 뿐입니다. 젠더란 무엇일까요? '섹스'가 남녀의 역할을 구분 짓는다면 '젠더'는 성별 정체성이나 성별 역할이 고정불변의 것이 아니라는 관점에서 시작해 특정 상황에서 재구성되고 변화하는 것이라는 관점이라 정의됩니다. 그동안

이연분 시인의 성(性)은 여성이었습니다. 아이를 낳는 사람, 젖을 먹이는 사람이었습니다. 젠더적 관점에서 볼 때, 여성이라는 사람은 남성을 향한 반의 숙제를 담고 산 사람이었습니다. 이제 비로소 이연분이라는 여자는 이연분이라는 젠더로 거듭나는 중입니다. 여자를 접고 사람으로 살아가게 되는 것입니다. 우리가 부모를 접고, 고향을 접고, 학교를 접고 현실 세상에 나와 사람으로 살아가듯이, 현대사회는 여성은 여자를 접고, 남성은 남자를 접어야 한다고 역설합니다. 그래서 빨래와 밥은 여자일, 망치질과 무거운 짐의 운반은 남자일이라는 고정관념에서 벗어나 누구나 요리할 수 있고, 누구나 집을 지을 수 있는 젠더가 되어야 하는 것입니다. 중국의 속담에 "하늘의 절반은 여성이 이고 있다"는 말이 있습니다. 세계적인 남아선호 사상 때문에 실제로는 억압받는 여성이 너무나 많습니다. 그래서 여성의 문제를 여성의 시각으로 보는 페미니즘이란 문예사조가 생겨난 지 오래입니다. 그동안 우리는 여성의 시각에서 사회를 보아야 한다는 페미니즘이란 아이러니에 갇혀 있었습니다. 페미니즘이란 무엇일까요? 국어사전을 찾아보면 "여성이 불평등하게 억압받고 있다고 생각하여 여성의 사회, 정치, 법률상의 지위와 역할의 신장을 주장하는 주의"라 나와 있습니다. 여성은 은연중에 암묵적으로, 지속적으로, 우리도 모르는 사이에 차별을 당해왔습니다. 밥 짓기를 강요하는 것부터가 차별입니다. 빨래와 다리미질을 시키는 것은 관습이라는 명목의 차별이었고, 특히 화장실 청소를 시키면서 똥 묻은 종이를 비닐에 넣어야 하는 차별은 남자라는 권위의식 속에서 강요된 차별이었습니다. 그런데 나를 비롯한 많은 남자들은 그것을 인식하지 못할 뿐만 아니라 그걸 개선할 의지도 없었습니다. 왜 그랬을까요? 그것은 학교로부터 성의 정체성에 대하여 교육 당했기 때문입니다. 이제 젠더화된 사회를 추구해야 합니다. 화장하는 남자가 늘어나고, 핸드백 메는 남자가 늘어나도 웃지 말아야 하며, 오토바이 타는 여자나 밥을 할 줄 모르는 여자를 인정해야 하는 것입니다. 그런 점에서 아쉽긴 하지만, 여성으로부터 젠더로 등극하고 있는 이연분 시인을 비롯한 많은 갱년기 여성들에게 축하를 보냅니다.

(4) 묘사하는 말

저는 여러 권의 책을 출간하였지만, 그중에서 시집을 내는 일이 가장 어려웠습니다. 시는 그 실력의 차가 천차만별이라서 정말 창작 공부를 하고 내야지 막 냈다가는 '그것도 시냐?', '그런 사람도 시인이냐?' 소리를 듣기 십상입니다. 그것은 그 시집을 낸 사람이 시창작의 여러 가지 방법 중 일부분만 생각했기 때문입니다. 시는 매번 다르게 쓰여져야 합니다. 그중 한 가지 방법이 말놀이 시입니다.

공주박물관 전시실에서 살포를 본다

어릴 적 휴전선과 가까운 곳에 살던 나는
귀청이 찢어질 듯한 대남방송을 들으며 자랐다
남풍이 부는 날이면 북한은 자주 풍선을 띄워 삐라를 살포했다
우리는 삐라를 주워 파출소에 가져다주었고
순경들은 자유의 벗이란 칼라잡지를 선물로 주었다
우리는 살포시 미소를 지으며 딱지를 접었다

모내기철이면 소작농 아버지는
무딘 삽을 들고 밤새 뒷둔지 벌판을 오르내려야 했다
수리조합의 순서에 따라 그날 밤은
저수지 물이 온전히 우리 집으로 들어올 차례
그러나 중간에서 살포시 제논으로 물꼬를 터놓는 얌체들 때문에
뒷둔지의 맨 아래쪽 논이었던 아버지에게 모를 내는 일은 전쟁이었다

차돌바위 등에 터져 죽은 게 무엇이게?

어머니는 수수께끼를 내며 우리들의 옷을 벗겨
화롯불에 데우며 손톱이 뻘겋도록 이를 잡았다
그럴 때면 아버지는 늘 군대이야기를 했다
이가 하도 많아 벌거벗은 몸에 DDT[3]를 살포당하며
군대생활을 했다는 무용담은 무장공비를 잡은 듯 의기양양했다

막 결혼을 할 때쯤 국회의원 선거가 있었다
오늘밤 돈봉투를 살포한다는 소문에 잠을 안 자고 기다렸다
자정이 되자 네 번 떨어져 아내가 지게 품을 판다는
이 모 후보의 운동원이 와서 식용유 한 병을 주고 갔다
박스공장에 다니던 나는 콩기름 한 병 받고 찍어준 그가 당선돼
살포시 쓴웃음을 지어야 했다

제 논에 물들어가는 것을 볼 때와
제 새끼 입에 음식 들어갈 때 생긴다는 미소, 살포시
저 살포를 들고 벌판을 오르내리던 백제의 관리는
하층민들의 배를 불리며 살포시 미소를 공급했을까
나는 오늘도 메마른 가슴에 살포시 물꼬를 터볼
출렁거리는 시 한 편 쓰고 싶어 밤의 언덕을 오르내린다

— 졸시 「살포」 전문

   이 시에 나오는 '살포'의 뜻은 여러 가지가 있습니다. 우선 본 뜻인 농사용 도구로써의 '살포'입니다. 살포란 공주 수촌리 1호 덧날무덤에서 출토된 백제시대의 농기구로 T자 손잡이에 길고 가는 몸통

---

3) 가루 형태의 살충제

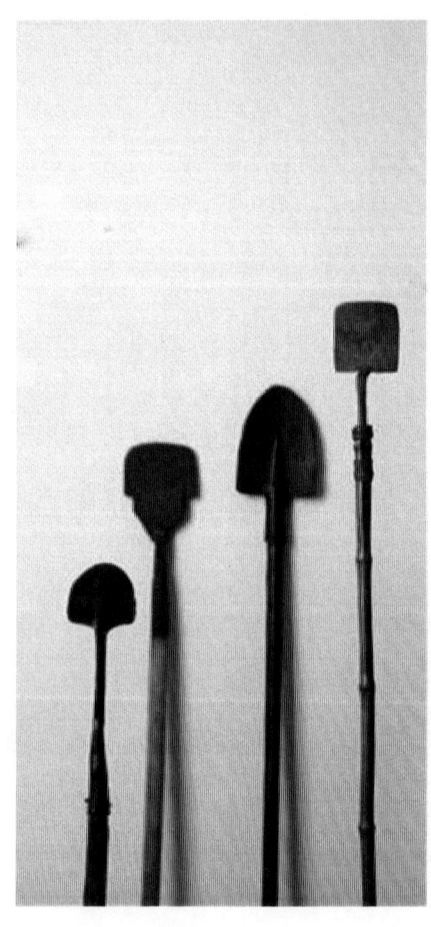
에 작은 삽날로 이루어져 있습니다. 지역의 우두머리들이 농사에 필요한 물을 배분할 때 썼다는 설명이 붙어 있지요. 그리고 웃을 때의 표정 '살포시'의 어원이 어디서 시작됐는지 정확히 알 수는 없지만 저는 가뭄에 논의 물꼬를 터놓을 때 살포시 미소를 짓지 않았을까 하는 생각을 하였습니다. 농약을 살포한다는 것은 죽인다는 뜻이고 돈봉투를 살포한다는 말은 유권자를 돈으로 매수한다는 말이니 서로 의미가 다르지만, 동음이의어(同音異議語)로 쓰이고 있는 셈이지요. 이를테면 살포란 동음이의어를 가지고 제가 말놀이 시를 썼던 겁니다.

다음 저의 졸시 한 수를 더 읽어보겠습니다.

　　　　소주만병만주소소주만병만주소소주만병만주소소주만병만주소
　　　　먹감기사방치기구슬치기딱지먹기겨자먹기제기차기땅따먹기말뚝박기
　　　　술래잡기
　　　　쑥부쟁이매발톱엉경퀴미나리아재비구절초개망초할미밀**빵**고주망태껑에

다리
　　연필필통가방가위풀트라이앵글지우개실내화삼각자칠판크레파스캐스터네츠
　　강호동이승엽장미란김연아박찬호최경주박지성미셸위박세리박태환
　　대구명태가물치오징어꽃게고등어소라해삼고래멍게문어말미잘아지도루묵
　　노루뿔개뿔쥐뿔고뿔소뿔코끼리뿔토끼뿔염소뿔양뿔고양이뿔엉덩이뿔
　　노무현이명박박정희최규하전두환박근혜노태우김종필김영삼이승만김대중
　　절편인절미수수팥떡꿀떡시루떡새알심찹쌀떡백설기무지개떡송편부꾸미
　　사과배참외포도수박토마토귤바나나파인애플딸기망고무화과
　　촛불촛불촛불촛불촛불촛불촛불촛불촛불촛불좆불촛불촛불촛불
　　화강암현무암사암퇴적암역암연암이암변성암편마암
　　수수팥조콩귀리옥수수쌀땅콩보리피기장녹두동부강낭콩
　　감자에싹이났다잎이났다묵찌빠감자에싹이났다입이났다묵지빠감자에싹이났다잎이났다묵찌빠
　　원숭이똥구멍은빨개빨갛면사과사과는맛있어맛있으면바나나바나나는길어굵으면기차기차는빨라빠르면비행기비행기는높아높으면백두산
　　쇠고기개고기고래고기토끼고기양고기물고기돼지고기염소고기
　　개새끼썹새끼좆새끼죽일새끼더러운새끼배아파난새끼치사한새끼나쁜새끼도둑놈의새끼
　　축구공럭비공배구공농구공탁구공테니스공정구공절굿공골프공야구공, 소주만병만주소소주만병만주소소주만병만주소소주만병만주소소주한병만주소,

　　아, 몽夢마르다

　　　　　　　　　　　　　　　　　　- 졸시 「숨은그림찾기」 전문

이 시는 글 속에 단어를 숨겨놓고 같은 이미지 속에서 다른 하나를 찾는 「숨은그림찾기」라는 저의 졸시입니다. 참고로 그림을 효과적으로 숨기기 위하여 띄어쓰기를 생략하였습니다. 그럼 어디에 어떤 숨은 그림이 있는지 찾아보겠습니다. 맨 첫 행 "소주만병만주소소주만병만주소소주만병만주소주만병만주소소주만병만주소"에서는 중간에 '소'자 한 자를 빼놓았습니다. 두 번째 행 "멱감기사방치기구슬치기딱지먹기겨자먹기제기차기땅따먹기말둑박기술래잡기"에서는 다 놀이인데 '겨자먹기'만 벌칙입니다. 세 번째 행 "쑥부쟁이매발톱엉겅퀴미나리아재비구절초개망초할미밀빵고주망태꿩에다리"에서는 다 산과 들에 나는 먹을 수 있는 나물인데 '고주망태'만 술에 취한 사람입니다. 네 번째 행 "연필필통가방가위풀트라이앵글지우개실내화삼각자색칠판크레파스캐스터네츠"에서는 모두 학생들의 학용품인데 칠판만 선생님이 사용하는 물건이고 가지고 다니는 물건이 아닙니다. 다섯 번째 행 "강호동이승엽장미란김연아박찬호최경주박지성미셸위박세리박태환"에서는 모두 운동선수로 퇴직하거나, 뛰고 있거나 코치, 감독 등으로 운동선수 이름을 유지한 사람이지만 '강호동'만은 코미디언으로 전직을 한 사람입니다. 여섯 번째 행 "대구명태가물치오징어꽃게고등어소라해삼고래멍게문어말미잘아지도루묵"에서는 모두 바다에서 나는 생선이지만 '가물치만'은 민물생선입니다. 일곱 번째 행 "노루뿔개뿔쥐뿔고뿔소뿔코끼리뿔토끼뿔염소뿔양뿔고양이뿔엉덩이뿔"에서는 '개뿔'이든 '쥐뿔'이든 모두 뿔을 말하고 있지만 '고뿔'은 감기를 말합니다. 여덟 번째 행 "노무현이명박박정희최규하전두환박근혜노태우김종필문재인김영삼이승만김대중"에서는 모두 어찌 되었든 대통령을 했지만 '김종필'만은 대통령이 되지 못하고 국무총리로 끝난 사람입니다. 아홉 번째 행 "절편인절미수수팥떡꿀떡시루떡새알심찹쌀떡백설기무지개떡송편부꾸미"에서는 모두 떡이지만 '새알심'만은 팥죽 속에 있는 것으로 따로 떡이라 부르지 않습니다. 열 번째 행 "사과배참외포도수박토마토귤바나나파인애플딸기망고무화과"에서는 모두 과일에 속하지만 '토마토'는 채소에 속한다고 합니다. 열한 번째 행 "촛불촛불촛불촛불촛불촛불촛불촛불촛불촛불좆불촛불촛불촛불"에서는 모두 촛불이지만 하나만은 남자의 성기를 암시하는 '좆불'로 해놓았습니다. 열두 번째 행 "화강암현무암사암퇴적암역암연암이암변성암편마암"에서는 모두 돌의 종류지만 '연암'은 「호질」, 「양반전」, 「열하일기」 등을 쓰신 조선시대의 문호 박지원 선생의 호입니다. 열세 번째 행 "수수팥조콩귀리옥수수쌀땅콩보리피기장녹두동부강낭콩"에서는 모두 땅 위로 열매를 맺는 곡식이지만 '땅콩'만은 땅속에서 자라는 식물입니다. 열네 번째 행 "감자에싹이났다잎이났다묵찌빠감자에싹이났다입이났다묵지빠감자에싹이났다잎이났다묵찌빠"에서는 감자에 '잎'이 난 게 아니라 '입'이 났다며 받침을 바꾸어놓았습니다. 열다섯 번째 행 "원숭이똥구멍은빨개빨갛면사과사과는맛있어맛있으면바나나바나나는길어굵으면기차기차는빨라빠르면비행기비행기는높아높으면백두산"에서는 '바나나는 길어' 후에 '굵으면 기차'로 앞에 말에 이어지지 않고 다른 형용사가 나옵니다. 열여섯 번째 행 "쇠고기개고기고래고기토끼고기양고기물고기돼지고기염소고기"에서는 다 뭍의 고기, 즉 육류이지만 '물고기'만은 물속에서 잡는 어류입니다. 열일곱 번째 행 "개새끼씹새끼좆새끼죽일새끼더러운새끼배아파난새끼치사한새끼나쁜새끼도둑놈의새끼"에서는 모두 욕을 하고 있는 것처럼 보이지만, 그런데 '배아파난새끼'는 내 새끼, 즉 자식을 말합니다. 열여덟 번째 행 "축구공력비공배구공농구공탁구공테니스공정구공절굿공골프공야구공"에서는 모두 공을 말하고 있지만 '절굿공'만은 절구를 찧을 때 쓰는 도구입니다. 열아홉 번째 행 "소주만병만주소소주만병만주소소주만병만주소소주만병만주소소주한병만주소"에서는 다 '만병'만 달라고 하는데 마지막에는 '한병'만 달라고 합니다. 그리고 마지막 스무 번째 행 "아, 몽(夢)마르다"에서는 목이 마른 게 아니라 '몽(夢)' 즉, '꿈이 마르다'며 저는 시에 대한 갈증과 소망을 이야기하고 있습니다.

묘사하는 말에 관한 시 몇 수 더 읽어보겠습니다.

> 어릴 적, 어머니는 나를 볼 때마다
> 우리 집의 기둥이라며 기뻐하셨다
> 기둥은 천천히 자라고
> 처마는 빨리 자란다
> 풀은 천천히 자라고
> 동산은 빨리 자란다
> 마당은 더디 자라고
> 손님은 자꾸만 자란다
> 집은 천천히 자라고
> 울타리는 빨리 자란다
>
> 조금 자랐다가 도로 줄어들고 있는 나를
> 기둥이라고 생각하는 사람들에게 감사한다

기둥은 자라지 않는다
다만 환경에 견딜 뿐이다

- 졸시 「기둥論」 전문

길을 보아라
쏜살같이 달려와 드러눕는 저 길
무서울 텐데 조금의 거리낌도 없이 뛰어내리는 길
낙차가 클수록 하얗게 웃는 길
순하디 순하게 순종하는 길
페달을 밟지 않아도 저절로 아래로만 내려가는 길
브레이크를 밟지 않아도 생로병사를 감내하는 길
천 번을 만나도 서로 안아주는 길
큰 구덩이는 많이 채워 저수지를 만들어주는 길
작은 구덩이는 작게 채워 웅덩이를 만들어주는 길
흩어진 듯 모여서 물고기를 키우는 길
새벽이면 풀잎에 매달려 대롱거리는 길
여름이면 꽃잎에 매달려 열매 맺게 하는 길
나무껍질 사이로 길을 낸 그 푸르른 길
견디고 견뎌서 단단한 바위를 만들어주는 길
참고 참아서 곡식을 익혀주는 길

힘을 쓰면 더 큰 힘을 생겨나 우주만물을 순환시키는
세상에서 가장 아름다운 길을 보아라

- 졸시 「물길」 전문

어릴 적 삵이 마을로 내려와
닭을 모두 잡아먹은 적이 있다
어둠 속에서 본 삵은 눈에 불을 켜고
입에는 닭의 피가 흥건히 묻어 있었다

지금껏 사글세에서 헤어 나오지 못하고 있다
결혼할 때 빌린 융자금을 수십 년 갚아오면서
계속해서 사글세 삯을 주어야만 했고
지금도 사무실 삯을 주는 날이 오면
주인은 삵처럼 살금살금 문자를 해댄다

삶과 삯은 모두 싹에서 비롯된다
푸른 싹에 숨어 사는 삵
삯으로 연명하는 싹 같은 서민들
모든 싹이 파랗게 되기를

— 졸시 「삵 삯 싹」 전문

소나무들 참나무들 백양나무들 자작나무들 미루나무들 밤나무들 복숭아나무들 버드나무들
바랭이들 뻬삐기풀들 방가지똥들 민들레들 냉이들 개망초들 쇠비름들 명아주들 쇠뜨기들
포천들 가평들 연천들 동두천들 파주들 양평들 양주들 남양주들 용인들 여주들 이천들 화성들
미꾸라지들 붕어들 가물치들 피라미들 불거지들 중태기들 붕어들 쏘가리들 퉁가리들 송어들

배추들 무들 오이들 파들 양파들 고추들 피망들 양배추들 순무들 달랑무들 치커리들 상추들
벼들 보리들 밀들 콩들 조들 수수들 귀리들 수수들 참깨들 들깨들 팥들 강낭콩들 옥수수들
참새들 비둘기들 새매들 꿩들 멧새들 왜가리들 두루미들 찌빠귀들 십자매들 부엉이들 올빼미들
현무암들 화강암들 유문암들 반려암들 역암들 사암들 이암들 석회암들
사과들 배들 복숭아들 참외들 수박들 자두들 대추들 밤들 감들 살구들

그 들판을 오가는
김씨들 이씨들 최씨들 박씨들 정씨들 한씨들 류씨들 구씨들 천씨들 채씨들 권씨들 나씨들
아줌마들 아저씨들 할아버지들 할머니들 소년들 소녀들 아이들 어른들 처녀들 총각들

그렇게 자라나는 수많은 꿈들

- 졸시 「들판」 전문

(5) 다섯 번째, 상상하는 말

▲ 빌게이츠

▲ 스티브잡스

▲ 스티븐 스필버그

▲ 조앤 롤링

　인간에게 가장 값진 것은 과거의 기술이 아니라 상상의 기술입니다. 인간은 상상함으로써 미래로 나아갑니다. 고로 상상은 가장 인간다운 행동임과 동시에 가장 시인다운 것입니다. 상상하세요. 세상은 상상하는 자의 것입니다. 하늘을 날고 싶은 자 라이트형제요. 밤을 대낮처럼 밝히고 싶었던 자 에디슨입니다. 인간은 이상하게도 실현가능한 상상만 합니다. 상상하는 자 젊은 사람이요, 회상하는 자 늙은 사람입니다. 상상하신다면 젊게 사실 수 있습니다. 상상은 인간의 전유물입니다. 오직 인간만이 상상합니다. 아무리 영특한 동물이라도 기억은 할 수 있으되 상상하지 못합니다. 몇 년 전 바둑에서 AI와 이세돌이 겨뤄 AI가 이기는 걸 보고 많은 사람들이 탄식하였습니다. 그러나 바둑은 이길 수 있으되 아무리 영특한 AI라 할지라도 정보를 조합해 바둑알을 쌓아 올리거나 바둑판을 마름모처럼 붙이고 바둑알을 마음대로 붙여 미술작품을 만들 수는 없습니다. 마이크로소프트사를 창업한 빌 게이츠와 애플사를 창업한

스티브 잡스의 상상은 세상을 바꾸어 놓았습니다.『해리포터』를 지은 작가 조앤 롤링의 상상이나 스티븐 스필버그 영화감독의 상상은 어떤 상상이든 가능하다는 증거를 가져다주었습니다. 상상하십시오. 당신은 상상하는 것만으로도 젊은이이며 부자입니다. 다음 졸시 한 수를 읽어봅시다.

1.
소나무들이 바람을 고르고 있다
바위들이 바람을 따라 나선다
바람이 바위에게 손을 내민다
멀리 흰 구름 몇 조각 유유하다
손가락 사이로 드난하는 바람이 첼로를 키우듯
끊이지 않는 물소리가 계곡을 키운다
웅장한 소리산 밑으로 지나는 기러기 행렬은
진한 보드카향이 운항법
설설 끓던 이마를 만져주던 어머니의 손길
한 소년, 꿈의 기지개를 펴고 있다

2.
양은솥에 옥수수가 삶아지고 있다
옥수수 옥수수 옥수수알들이
더욱 반지르르한 윤기로 종알거린다
별이 쏟아지던 여름 멍석 위에
벌레를 피한 무용담이 짜르르하다
고추잠자리를 재워주던 옥수수꽃의 설렘
빽빽한 옥수수 숲 사이로
업은 아이 깰까 햇빛 몇 올 살금살금 기어든다

얘, 아궁이불 그만 걷어 넣어라
솥뚜껑을 밀자 참았던 별들의 말씀이 반짝인다

3.
숙제를 안 해간 날은
준비물을 안 해간 날보다 당당하다
준비물은 엄마의 몫 숙제는 내 몫
나는 손바닥을 내밀고 대나무자로 매를 맞는다
아, 아야, 아, 아야
눈물이 찔끔찔끔 난다
그래도 어제 비 쏟아질 때 벼를 거둔 덕에
매상하면 밀린 공납금은 내겠다
핑거카토로 뜯는 첼로 소리가
노는 시간을 알리는 벨소리보다 쩌렁하다

4.
기다란 입을 가진 악어가 입을 열었다
눈 뜨고 입 다물기 눈 감고 입 다물기
눈 뜨고 입 벌리기 눈 감고 입 벌리기
악어의 표정은 네 가지라는 속설에 반기를 든다
사랑하는 사람 앞에선 악어도 노래를 한다
악어는 말하지 못 한다는 속설은 깨지고 말았다
온몸이 입인 악어 한 마리
호소의 언어란 온몸으로 하는 것임을
몸소 보여주고 있다
전율이 인다

5.
그레코로만형 전문의 한 레슬링 선수
타이어 고무줄을 당기며 훈련을 하고 있다
절대로 하반신을 잡지 않는다
1분 30초 스탠딩 자세에 대한
나머지 30초 그라운드 자세를 한 자들의 침묵이 거세다
가만히 엎드려 있는 자의 어깨를 누르며
게임은 시작된다
왼팔이 말을 듣지 않는다
너덜너덜해진 어깨 연골, 태클은 규칙 위반이다
결승전에서는 선수도 관중도 모두 승자다

— 졸시 「첼로오중주」 전문

이 시는 지인이 "예술의 전당 체임버홀에서 열리는 이숙정 첼리스트의 첼로오중주 연주회가 있는데 갈 수 있느냐?"고 초청해서 연주를 듣고 떠올려지는 상상을 써낸 시입니다. 이숙정 첼리스트를 비롯하여 다섯 명의 연주자들이 연주를 하고 있는데 여러 가지 상상이 떠올려졌습니다. 연주자들이 첼로의 저음을 연주할 때 저

는 마치 소나무 숲에 들어가 있는 상상이 떠올려졌습니다. 그리고 이내 첼로의 반짝반짝한 음색들이 양은솥 속에 삶아진 옥수수 같아서 뚜껑을 열자 쏟아져 나오는 수증기 사이로 반짝거리는 옥수수처럼 영롱하다고 생각해보았습니다. 그리고 한 연주자가 핑커카토로 첼로를 뜯을 때는 마치 숙제를 안 해가서 한 명씩 교단 앞으로 나와 선생님에게 30cm 대나무 자로 손바닥을 맞듯 눈물이 찔끔거렸습니다. 첼로의 생김새가 악어 같다는 생각을 해봤습니다. 마치 악어가 먹잇감을 낚아채기 위해 물속에서 두 눈을 물 위에 내놓고 잠수를 하는 것 같은 상상이 떠올랐습니다. 온몸으로 연주해야만 하는 첼로는 그레코로만형 레슬링 선수가 상대방을 제압하는 운동의 모습 같기도 합니다. 대부분 여성인 첼로 연주자는 그 큰 첼로를 늘 메고 다녀야 합니다. 처음에는 너무 커서 버겁기도 하려니와 부끄러움도 있을 것 같습니다. 그렇지만 그 모든 눈초리를 이겨내야만 진정한 연주자, 진정한 예술인이 됩니다. 저는 그레코로만형 레슬링 선수의 귀를 TV를 통해 본 적이 있습니다. 완전히 뭉개져서 정말 못생겨진 레슬링 선수의 귀, 그래야만 비로소 금메달의 주인공이 됩니다. 첼리스트든, 레슬링 선수든, 시인이든 제 마음의 상처를 견뎌야만 최고가 될 수 있다는 말입니다.

1.
모내기가 한창이다
둥 두둥 둥 두두둥
수십 명의 일꾼들이 허리를 구부리고
쏙 쏘속 쏙 쏘소속 잰 손으로

줄 맞추어 모를 내고 있다
얼쑤 줄 넘어가요, 못줄 잡은 좌상이 줄을 튕기자
못줄에서 튀어 오르는 흙탕물이 흥겹다

2.
자갈자갈 자갈자갈 자갈자갈자갈
파도가 뭍을 기어오르고 있다
자갈들이 저마다 한마디씩 한다
그때 배 뒤집혀 신랑 죽은 순녀네 있잖아
이번에 뭉치아비랑 살림을 합쳤다지
질풍노도의 시기가 지나고 어깨춤이 한창이다

3.
딱 따닥 딱 따다닥
숲속 딱따구리들 신축공사가 한창이다
고운 풀뿌리를 물어 나르는 양
흰 코고무신 쳐든 발끝이 딱따구리 부리 같다
어디서 불어오나
코끝에 느껴지는 한 줄기 바람이 향그럽다

4.
떼어주고 먹이고 밟고 훑치고
깽깽깽깽 깨깽깽깽 깨깨깽깽깽 깨개개갱깽
홀태에 벼를 긁으며 타작마당이 펼쳐졌다
두 손바닥 마주치지 않아도 소리가 공명한다
구름을 밟는 듯 하늘을 나는 듯
어깨에 새소리를 감고 태백준령을 넘는다

- 졸시 「진도북춤」 전문

　　　　　　　또 한 번은 '예술의전당 국악당'에서 열린 '김진옥 진도북춤 연주회'에 다녀온 적이 있습니다. 이 시는 그 약속 후 3년 만에 완성하였습니다. 어느 날 밤 다시금 그날의 감동이 되살아났습니다. 그리고 그 감동은 여러 가지 상상 속으로 저를 이끌고 갔습니다. 북이 둥둥 울릴 때 저는 모내기를 상상했습니다. 못줄을 넘기며 66명이나 되는 동네 사람들이 모두 모여 우리 집 큰 논에 모를 내던 날이 떠오릅니다. 어머니는 못밥 준비에 분주하셨고 아버지는 풍년의 꿈에 설레셨습니다. 북소리가 잦아지니, 마치 바닷가 자갈밭에 파도가 몰려드는 소리가 상상됩니다. 쉴 새 없이 드나드는 파도에 서로 몸을 부딪쳐 이 땅의 역사를 서술하는 몽돌들의 소설이 읽혀집니다. 물고기 잡으러 바다에 나갔다가 배가 뒤집혀 죽은 그 집 신랑, 혼자 온갖 멸시와 고통을 이겨내며 자식들을 훌륭히 키운 여인이 상상되었습니다. 어느새 나는 딱따구리 소리 들리는 광릉 숲을 거닐고 있습니다. 사뿐사뿐 코고무신을 쳐들며 춤을 추는 진도북춤의 춤꾼이 마치 딱따구리가 나무를 찍어 구멍을 뚫듯 숙명적이기까지 합니다. 이내 꽹과리 소리가 요란합니다. 깽깽깽깽 깨깽깽깽…. 꽹과리 소리는 마치 머리에 수건을 질끈 묶은 장정들이 홀태에 벼를 훑는 50여 년 전의 가을 벌판이 상상되었습니다. 같은 물건을 보더라도 누구나 보는 관점에 따라 다르게 보일 수 있고, 다르게 상상할 수 있습니다. 그것이 여러분이 가지는 고유의 문학성이며 자신만의 문학 경향입니다.

판타지 소설 『해리포터』의 작가 조앤 롤링이 미국 하버드대학의 졸업식에 축사를 요청받아서 갔습니다. 그리고 그녀는 세계적인 석학들인 졸업생들에게 다음과 같이 연설하였습니다. "하버드 대학 졸업생 여러분! 여러분의 졸업을 진심으로 축하드립니다. 여러분은 이제 탄탄대로에 있습니다. 좋은 직장을 얻을 수 있으며 좋은 배우자를 만날 수 있습니다. 여러분은 이제 부자로 살 수 있습니다. 그러나 그렇게 살면 실패한 인생입니다. 그것은 이 시대의 매뉴얼입니다. 정부의 매뉴얼입니다. 단순히 행복만을 추구하면서 산다면 그것은 필부와 다를 게 없습니다. 자신의 인생을 찾아야 합니다. 돈보다는 일을 찾아야 하고, 행복보다는 즐거움을 찾아야 합니다. 현실에 안주하지 말고 끊임없이 도전하십시오." 저는 조앤 롤링한테 큰 감명을 받았습니다. 아무리 좋은 환경에 있다고 할지라도 현실에 안주하면 실패한 인생이라는 조앤 롤링에 말에 전적으로 공감합니다.

미국의 <졸업>이라는 영화가 있습니다. 1967년 개봉한 미국의 로맨틱 영화입니다. 이 소설에서 두 남녀 주인공은 명문대학교 캠퍼스 커플이었습니다. 그런데 졸업과 동시에 여자 주인공의 갑부 아버지는 딸에게 부잣집 아들을 중매해 결혼식을 합니다. 결혼식장에서 주례 선생이 두 사람에게 묻습니다. 먼저 신랑에게 묻습니다. "신랑 OOO군은 신부 OOO양을 아내로 맞아들여 기쁠 때나 슬플 때나 사랑하고 아끼며 검은 머리 파뿌리가 되도록 사랑하겠습니까?" 신랑이 우렁차게 대답합니다. "넵!" 또 주례 선생이 신부에게 묻습니다. "신부 OOO양은 신랑 OOO군을 남편으로 맞아들여 기쁠 때나 슬플 때나 사랑하고 섬기며 검은 머리 파뿌리가 되도록 사랑하겠습니까?" 신부가 대답할 찰나에 뒤쪽에서 큰 소리가 들립니다. "잠깐만요!" 그러더니 한 남자가 성큼성큼 달려와 신부의 손을 붙들고 예식장 밖으로 사라져버립니다.

둘은 부모님의 허락을 받지 않고 결혼하여 행복하게 삽니다. 남편은 승승장구하여 갑부가 되고 아이들도 잘 자라고 해서 여자는 행복한 줄 알았는데 그게 아니었습니다. 자기는 명문대를 졸업한 재원인데 남편은 여자를 집에서 밥하고 빨래하고 육아를 하는 것 말고는 아무것도 못하게 합니다. 직장에 가려 해도 못 가게 해서 결국 이혼을 신청합니다. 그래서 법정에서 만나는데 재판관이 여자한테 묻습니다. "남편이 바람을 피웠습니까?" "아니오.", "남편이 돈을 못 벌어옵니까?" "아니오.", "남편이 폭력을 행사했습니까?" "아니오.", "남편이 아이를 못 낳았습니까?" "아니오." 여자의 말에 재판관은 양손을 옆으로 쳐들며 난색을 표합니다. 그때 여자가 "저에게는 일이 필요합니다. 저는 아이를 기르거나 밥을 하기 위해 공부하지 않았습니다. 저는 엄마나 남편이기 전에 나만의 인생을 살아가려는 전문여성이고 싶습니다. 우리는 아이 낳고 기르며, 집 사고 부자되기 위해 태난 게 아닙니다. 내가 좋아하는 걸 하기 위해 태어났고 어려움을 견뎌왔던 것입니다. 저는 편한 결혼생활보다 하고 싶은 일을 택하겠습니다."라고 말하였습니다.

여러분, 늦지 않았습니다. 이제 여러분이 좋아하는 것, 해보고 싶었던 것을 마음껏 펼치시기 바랍니다.

제6강 1인칭 은유심상법

제6강 1인칭 은유심상법

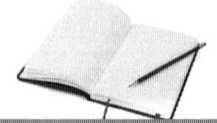

　이번 시간에는 인칭은유심상법에 대하여 공부해보기로 하겠습니다. 인칭은유심상법에는 1인칭 은유심상법, 2인칭 은유심상법, 3인칭 은유심상법이 있고, 각 인칭마다 복수적 인칭은유심상법이 가능합니다.

　좋은 시를 쓰려면 좋은 상상을 해야 합니다. 좋은 상상은 어떤 상상일까요? 남이 하지 않은 상상입니다. 좋은 상상을 하기 위해서는 표현하려는 주제와 사용하려는 소재가 서로 거리가 먼 것을 가져다가 붙이면 좋습니다만 그렇게 하면 표현하려고 하는 의도대로 잘 되지 않을 수 있습니다. 그래서 시 쓰기에 좋은 소재를 따로 골라야 합니다. 명사에는 고·추·집·보·물(固·抽·集·普·物)이 있습니다. 고유명사, 추상명사, 집합명사, 보통명사, 물질명사가 있지요. 물론 이는 영어권에서 채택하는 명사의 종류입니다. 고유명사는 대한민국, 한강, 백두산, 아폴로 11호, 타이타닉 등이 있습니다. 추상명사에는 사랑, 그리움, 고독, 슬픔, 어둠, 비련, 가난 등이 있습니다. 학교, 은평구, 시창작반, 동창회 등이 집합명사에 속합니다. 그리고 보통명사는 우리 주변에 산재한 물건의 이름을 말할 수 있습니다. 돌, 신발, 명찰, 가방, 강, 바람, 모래, 시계, 책상, 볼펜, 모자 등이 그것이지요. 엄연히 따지면 물질명사도 보통명사에 속합니다. 물질명사로는 설탕, 소금, 커피, 나프탈렌 등이지만 결국 물질명사는 보통명사라 해도 좋습니다. 좋은 소재를 쓰기 위에서는 고유명사나 추상명사, 집합명사보다 보통명사, 물질명사가 좋습니다. 고유명사나 추상명사, 집합명사보다는 보통명사는 물질명사를 소재로 하면 좋은 상상을 할 수 있습니다. 고유명사나 집합명사를 시로 쓰려면 자칫 칭찬일색일 수 있습니다. 추상명사를 소재로 시를 쓰면 눈에 보이는 현상을 말해줘야 하고, 보통명사나 물질명사를 소재로 하면 눈에 보이지 않는 관념으로 이야기하면 좋은 글이 됩니다. 따라서 추상명사로 시를 쓰려면 사물로 운반해야 합니다. 그러나 물질명사를 시로 쓰면 직접 인칭을 넣어 드러내기만 하면 바로 은유가 형성됩니다. 시 한 편을 읽어보겠습니다.

오늘 예식장에 그를 데려가기로 합니다
그는 내 가슴속에 살면서도
맨 위에 올라가 군림하기를 좋아합니다
어쩌면 그는 나와 전혀 상관없는 사람인지도 모릅니다
그러나 가끔, 내 든든한 밑바탕이 되어주는 그가
차갑고 근엄한 얼굴을 치켜들면
사람들은 그에게 다가가
다소곳이 머리를 조아립니다
예식장에 초대받아 온 사람들도
나보다는 그에게
더 깊은 관심을 표하기도 해 속이 몹시 상합니다
이제 그가 없으면 나는

사람들의 괄호 밖으로 밀려날지 모릅니다
그래서 난 외려 그의 보디가드가 됐습니다
그의 뾰족한 코가 땅바닥에 곤두박질치진 않을까
낯선 바람에라도 끌려가 낭패를 당하지 않을까
조금도 맘 놓지 못하고 그를 지켜봐야 합니다
슬그머니 내 위까지 올라와 상전이 된
그를 위하여 언제까지나 나는 이렇게
나와 다르게 살아야 하나요
그를 몰아내고 청바지 입기를 좋아하는
나를 데려올 수는 없나요

- 이기홍의 「근엄한 모자」 2007년 《세계일보》 신춘문예 당선작

 이 시는 모자에 관한 시입니다. 그런데 시인은 모자의 모양, 재질, 누가 주었거나, 어디서 산 것 등 모자에 관한 이야기는 전혀 기술하지 않고 있습니다. 다만 모자를 사람으로 두고 관념어들을 불러다가 3인칭인 '그'로 삼아 이야기하고 있지요.
 이번 시간에는 심상 요령에 대해 공부해보기로 하겠습니다. 지금까지 우리는 시를 써옴에 있어서 본 사실을 그대로 써왔거나, 감상을 쓰려고 애써왔습니다. 그래서 '바람이 분다', '낙엽이 진다' 등의

표현과, '그립다', '외롭다' 등의 표현에 목을 매었지요. 이제 지금까지 써오던 습관은 잠시 접어두세요. 그리고 '시는 무조건 은유를 통한 심상이다.' 그렇게 생각하세요. 은유를 발생시키기 위해서는 객관적상관물을 사용하여야 합니다. 일찍이 T.S 엘리어트는 "모든 시는 객관적상관물에 의해 운반되어야만 한다."고 했습니다. 그런데 여러분들은 객관적상관물을 사용하지 않은 채 자신의 감정이나 추억을 나열하는 것으로 시를 써왔습니다. 이제부터는 객관적상관물을 사용하셔서 시를 쓰셔야만 합니다. 객관적상관물이라고 하니까 시 속에 나오는 '나무, 물, 돌, 바람' 등의 소재 모두를 객관적상관물로 생각하는 경우가 있습니다. 객관적상관물은 가급적 한 시에서 한 가지만 사용할수록 좋습니다. 객관적상관물을 쓰는 것만으로는 은유 발생이 잘 안될 수 있습니다. 사물이나 관념어를 사람처럼, 인칭을 사용하면 바로 은유가 발생한답니다. 예를 들어 '바위'를 '나'라고 한다든지 '그'라고 지칭하면 바로 은유가 발생되지요. 그런데 많은 시인들은 사물은 객관적상관물로 사용하면서 관념어인 시간, 그리움, 추억 등은 객관적상관물로 사용하지 않고 그대로 표현합니다. 그래서 은유가 생성되지 않은 시를 내놓게 되는 것이지요.

   그럼 1인칭 은유심상법으로 쓰인 시들을 읽으면서 공부해봅시다. 앞서 말씀드린 바와 같이 사물이나 사건을 1인칭으로 놓고 시를 쓰는 방법입니다. 사물을 인칭으로 놓는 순간 저절로 은유가 일어나기 때문에 좋은 시를 쓰실 수가 있습니다.
   우선 졸시 몇 수를 읽으며 공부해보기로 하겠습니다.

나의 이름은 군고구마다
질화로에 둘러앉은 겨울 출석부

나의 나이는 술래잡기다
언제나 가고픈 그리운 유년(幼年)

나의 학력은 그리움이다
못 잊어 마시는 탁배기 한 잔

나의 주소는 처마 밑이다
지푸라기로 엮어 말린 무청 시래기

나의 성격은 청국장이다
청량고추 넣고 끓인 뚝배기 찌개

나의 특기는 손님 맞기다
맨발로 뛰어나와 볼을 부빈다

나의 취미는 그림 그리기
멍석에 고루 펴서 나물 말린다

나의 노래는 송아지 울음
어미 따라 나간 들판 풀 먹는 소리

나의 피부는 고동색이다
깨보숭이 둘둘 무친 도토리묵이다

— 졸시 「고향 이력서」 전문

나는 식성이 꽤나 까다로운 편이었다
우아한 소파로 태어나
아름다운 사람의 등을 껴안고 싶었다
그런데 사람들은 1급수면 좋으련만
세찻물과 설거지물만 먹인다
그들의 실수를 말끔히 지우며
엎질러진 물을 가장 잘 먹는 나를
움켜쥐고 비틀어 짜도
짜증 한 번 내지 않고
아무 일 없다는 듯 인상 펴고
그들을 위해 웃어주었다

지금 내가 가장 하고픈 일은
부처처럼 굶고
아름다운 세상을 바라볼 일이다

— 졸시 「스펀지」 전문

　나 자주자주 까먹어요 슬픔을 고독을 사탕처럼 까먹어요 여러 빛깔을 사탕처럼 여러 빛깔의 사랑을 까먹고도 나 배고파요 나 배고파 어느날은 몰래 사내의 꽃나무열매를 까먹고선 까무룩 혼절해요 사랑은 혼절이 아니면 혼돈이에요 내가 틀린 걸까요 나 자주자주 까먹어요 일요일을 예술가를 부엌을 생활을 까먹어요 까먹어도 까먹어도 줄지 않는 고독 까먹어도 까먹어도 돌아오는 계절들 까먹다 까먹다 마침내는 나까지 까먹고 나는 그저 우는 아이의 막대사탕 같은 엄마예요 내가 틀린 걸까요?

— 안현미 「뢴트겐 사진—생활」, 시집 『이별의 재구성』(창비)

아이를 갖고 싶어
새로이 숨 쉬는 법을 배워가는
바다풀 같은 어린 생명을 위해
숨을 나누어갖는
둥근 배를 갖고 싶어

내 몸속에 자라는 또 한 생명을 위해
밥과 국물을 나누어먹고
넘치지 않을 만큼 쉬며
말을 나누고
말로 다 못하면 몸으로 나누면서

속살 하얀 자갈들
두런두런 몸 부대끼며 자라는 마을 입구
우물 속 어룽지는 별빛을 모아
치마폭에 감싸안는 태몽의 한낮이면

먼 들판 지천으로 퍼지는
애기똥풀 냄새

― 김선우 「입춘」, 시집 『내 혀가 입 속에 갇혀 있길 거부한다면』 전문

내 마음의 내장을 치료해달라고
내 마음의 뼈를 교정해달라고
온몸으로 엑스레이를 찍어두었지

엑스레이가 지워지지 않도록
나는 차가운 물에서만 사노라
내 마음의 병 치료할 날 기다리며
고행에 열중하다보면

어느 날 하늘이 열리고
천사들이 내려주는 동아줄
입에 물고 하늘로 오르네
하늘의 의사는 나의 꼬리를 붙들고

너의 뜻 알았다는 듯
덜덜 떨고 있는 내 몸에 빨간 약을 바르고
포드닥 흔들어대는 나의 머리부터
자신의 입속으로 집어넣고

내 마음의 내장을 내 마음의 뼈를
치료하고 있네 오물오물
내 몸을 지움으로써

— 차창룡 「빙어」, 시집 『고시원은 괜찮아요』 (창비)

언젠가는 나도 활활 타오르고 싶은 것이다
나를 끝닿는 데까지 한번 밀어붙여보고 싶은 것이다
타고 왔던 트럭에 실려 다시 돌아가면
연탄, 처음으로 붙여진 나의 이름도
으깨어져 나의 존재도 까마득히 뭉개질 터이니

죽어도 여기서 찬란한 끝장을 한번 보고 싶은 것이다
나를 기다리고 있는 뜨거운 밑불 위에
지금은 인정머리 없이 차가운, 갈라진 내 몸을 얹고
아래쪽부터 불이 건너와 옮겨 붙기를
시간의 바통을 내가 넘겨받는 순간이 오기를
그리하여 서서히 온몸이 벌겋게 달아오르기를
나도 느껴보고 싶은 것이다
나도 보고 싶은 것이다
모두들 잠든 깊은 밤에 눈에 빨갛게 불을 켜고
구들장 속이 얼마나 침침한지 손을 뻗어보고 싶은 것이다
나로 하여 푸근한 잠 자는 처녀의 등허리를
밤새도록 슬금슬금 만져도 보고 싶은 것이다

– 안도현「반쯤 깨진 연탄」, 시집 『높고 외롭고 쓸쓸한』(문학동네)

누군가의 꿈속에서 나는 매일 죽는다

나는 따뜻한 물에 녹고 있는
얼음의 공포

물고기알처럼 섬세하게
움직이는 이야기

나는 내가 사랑하는 것들을
하나하나 열거하지 못한다

몇 번씩 얼굴을 바꾸며

내가 속한 시간과
나를 벗어난 시간을
생각한다

누군가의 꿈을 대신 꾸며
누군가의 웃음을
대신 웃으며

나는 낯선 공기이거나
때로는 실물에 대한 기억

나는 피를 흘리고
나는 인간이 되어가는 슬픔

― 신해욱 「끝나지 않은 것에 대한 생각」, 시집 『생물성』 (문학과지성사)

매일 밤 나는 눈을 감지, 그리고 오랫동안 눈을 뜨지 않았네. 어떤 소리가 새어 나갈지 알 수 없었네. 나는 놀러 다녔어. 나는 취미도 개성도 없지.

매일 밤 나는 눈을 감으면서 세상이 감기는 걸 느끼지. 이렇게 간단히 세상이 바뀌는 걸 뭐, 하고 중얼거리네. 가로수들이 엎어지고, 길은 혀처럼 도르르 말렸어.

육중한 동물들이 희귀한 교미장면을 보여주곤 했어도 에로틱해지지 않았네. 뿌옇게 흙먼지만 일었지. 나는 다른 종에게 취미를 느낀 적이 없어. 눈을 감았다고 해서 아무렇게나 느끼는 건 아니야.

애들이 조용히 싸움을 했네. 눈은 포장일 뿐이고 언제나 싸움은 돌멩이를 감추고 있는 법이지. 볼때기가 벌겋게 부어 터질 듯했어. 새들이 흰 눈밭에 콕, 콕, 콕 부리를 찍었지만

내리는 눈은 금세 구멍을 메우네. 세상은 여전히 덮여있고, 점점 깊어지지. 매일 밤 나는 눈을 감으면서 세상이 덮이는 걸 느끼지. 그렇게 감춰지고,
　나는 오래간만에 눈을 뜨니까 매일 어리둥절해. 그리고 눈곱처럼 떼어놓아야 할 게 있다고 느끼지.

　- 김행숙 「기억은 몰래 쌓인다」, 시집 『사춘기』 (문학과지성사)

그래 나는 가지를 흔들며 검은 딸기를
우유통 속에 빠뜨려 보았다
먼지로 뒤덮이기 전 달무늬를 띠며 빛나던 갈색 구두코를 닦아 보았다

그래 나는 하늘의 말랑한 반죽, 흰 구름이 딱딱해져가는 것을 보았다
검게 탄 빵이 사람들의 머리 위로 부서져 내렸다

그래 나는 죽은 나뭇가지 위에
자줏빛 날개의 시가 잠시 머물다 날아가는 소리를 들었다
귓속을 빠져나온 영혼이 재에 섞여 거리를 헤매고 있었다

그래 나는 뜨거운 열기와 어울려 다녔다

회색의 두꺼운 엉덩이를 견딜 수 없어
의자들이 활활 불타고 있었다

- 진은영 「바람의 노래」, 시집 『우리는 매일매일』(문학과지성사)

잘 마른 잎사귀가 바스락거리며 나를 읽네
몇 장 겹쳐도 한 장의 생시 같은,
서늘한 바람 뒤편
달처럼 떠오른 내가 텅 빈 아가리 벌리네
지루한 긴긴 꿈을 들여다봐주지 않아 어둠이 흐느끼는 밤
백태처럼 달무리 지네
일순간 소낙비 가로수 이파리, 눈꺼풀이 축축하게 부풀어 오르고
거리마다 지렁이가 흘러넘치네
아아 무서워 무서워
깨어진 잠처럼 튀어 오른 보도블록,
붉거져 나온 나무뿌리
갈라진 혓바닥이 배배 꼬이네
비명이 목젖에 달라붙어 꿈틀대네
나는 이 길이 맞을까 저 길이 맞을까
손바닥에 침을 퉤퉤 뱉고 싶지만
손금이 보이지 않는 손
금 밟지 않기 놀이하듯 두 다리가 버둥대네
두 동강난 지렁이 이리저리 기어가고
구름을 찢고 나온 투명한 달
내 그림자는 여태도록 나를 베끼고 있네

- 김윤이 「트레이싱 페이퍼」, 2007년 「조선일보」 신춘문예 당선시

제7강 2인칭 은유심상법

제7강 2인칭 은유심상법

2인칭 은유심상법은 시인들이 그리 많이 사용하지 않는 심상법입니다. 사물이나 특정 언어를 '너'나 '당신'으로 지칭하면 우리가 요구하는 은유는 잘 일어나지 않고 직접 표현하는 경우가 생기기 때문에 사람들이 자주 사용하기를 꺼리게 됩니다. 그런데 이 방법도 잘 쓰면 훌륭한 시를 쓰실 수 있기에 이번 시간에 가르쳐드리겠습니다. 여기서 사물을 너라고 하는 것도 좋지만 어떤 사실이나, 상황을 2인칭으로 두거나 크나큰 사실을 한 가지(너, 당신)로 묶어 지칭할 수 있어 좋습니다.

> 나는 너를 공연한다
> 너의 외투와 벗겨 널브러진 부츠와
> 혀 없는 키스와
> 선 밖에서 외줄 타던 시절을
>
> 나는 너를 상영한다
> 허공에서 춤주던
> 가느다란 팔과 다리 거미줄에 걸린
> 경련도 간지럼도 없던 흑백의 장면을

나는 너를 중계방송한다
늦은 밤 비 내리는 멕시코 국경 빗물 섞인 맥주와
정곡을 움켜쥐고도 어쩔 줄 몰라 하던
내 손의 비애를

너를 녹화한다 지워지지 않을
상처와 약속을
꿈 밖에서 서성대던 골목길의
시린 휘파람 소리를

아직은 빛을 잃은 새벽이고
신의 생애를 닮아 서러운 꽃들은
열매를 달기도 전에 시들어버리지만

나는 너를 재생한다
가장 커다란 파편이었던 너는
주머니 속
소멸된 유효기간의 상품권처럼
버리지도 못한 채 구겨져 있지만
나는 너를 두 번 세 번 재생 재생한다

웃고 또 웃고
울고 또 울던
짧은 생 속의 기나긴 이야기

— 김요일 「기나긴 이야기」 전문

하늘가에 머무른 옥색의 공기 같구나
너의 족보(族譜)는 천상의 나뭇가지에나 있겠구나
아무도 감히 꿈꿀 수 없는
너의 자리는
몇 만리(萬里)이냐, 네가 날아온 하늘 속의
나무는. 너는 지금 바람의 열기가 허공에 접어둔
한 폭의 물보라같이 휘익 내 곁을 날은다

초롱의 불빛처럼 우는가
먹기와집 지붕에 먹빛으로 저무는
어둠 속에서 몸을 늘어뜨리고
저물녘의 울음에 허물을 벗는다
이미 세상의 길을 다 맛보았으나,
짐승들의 온기가 수만 겹의 길로
혓바닥에 맺혔으나,
바다의 목덜미를 간질이는 네 숨소리에
까마득한 옛적 귀도 발도 손도 다 잃었다

　　　　　　– 박형준 「이 시장기」 중 부분, 시집 『춤』

아이야,
깎아지른 바위를 타고 일생을 시작하다니
마음이 짠하구나
그런데도 너는 전혀 떨지 않고
태연히도 오르고 있구나
지금은 네가 담장을 잡고 오른다만

곧 절절 끓는 담장이 너를 붙들고 늘어질 터
나도 아장아장 시작해서 이만큼 왔고
너도 곧 담장 끝을 오르는 개가를 올릴 게다
깎아지른 바위를 타고
일생을 시작하는 아이야
위험은 우리의 목표
스릴은 생의 옵션
고혈압의 가을을 넘어
겨울 침대에서 웃을 때까지
오르고 또 오르자꾸나

― 졸시 「담쟁이, 어린 싹에게」 전문

 밥풀 몇 개 안 되는 하지감자로라도 밥상머리의 놋주발은 넘치며 네가 된다 털렝이 끓이던 무쇠솥뚜껑은 들기름을 두르고 소당떡이 부쳐질 때 지글지글 네가 된다 보리개떡만 먹다가 메떡버무리가 목으로 넘어갈 때 메뿌리는 벼 베는 날보다 사각사각 네가 된다

 남의 소를 매다 팔려 갈 때 가난을 옭매던 고삐는 춤추며 네가 된다 천정에서 날마다 굿을 하던 쥐가 떨어져 버선을 구석에 대고 잡았을 때 버선은 처음으로 손님을 만나 조용히 네가 된다 시냇물의 어항은 피라미 들어갈 때마다 스멀스멀 네가 된다

 우리가 웃자라 작년에 입던 옷이 안 맞을 때 입힐 것이 마땅찮아 군복을 물들여 입히는 엄마는 슬프게 네가 된다 남의 품 팔다 우리 밭에 퍼지는 바랭이는 아버지 몰래 푸르게 네가 된다 찔레 삘기 솟고 아카시아 필 때 엿장수가 안 와도 소년의 들판은 흐드러지게 네가 된다

벽장에 엿 감춰둔 듯 그 많은 너를 감추고 사는 너는 스스로 네가 된다

- 졸시 「기쁨」 전문

제8강 3인칭 은유심상법

제8강 3인칭 은유심상법

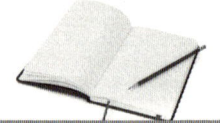

 앞 시간에 1인칭 은유심상법과 2인칭 은유심상법에 대하여 배웠습니다. 1인칭 은유심상법은 객관적상관물(사건, 이야기 포함)을 1인칭 화자로 전개해나가는 방식을 말합니다. 사물을 나로 표현하는 방식이지요. "바위 = 나, 저수지 = 나, 6.25동란 = 나"와 같은 방식입니다. 이를 복수화하면 '우리'라고 표현할 수 있지요. 그리고 2인칭 은유심상법은 사물을 너, 또는 당신으로 표현하는 방식입니다. 예를 들면 "대한민국 = 당신, 볼펜 = 너, 8.15광복절 = 당신, 구두 = 당신, 하늘 = 너" 등의 방식입니다. 여기서 주의할 점은 2인칭 은유심상법에서는 직접 화자에게 말을 시키게 됨으로 명령형(~해라)니 청유형(~해주세요)로 되기 쉽습니다. 그러니까 사물보다는 관념어나 사건, 있었던 일 등을 객관적상관물로 들여오는 것이 좋은 방법이 됩니다.
 그러면 이번 시간에는 3인칭 은유심상법에 대하여 공부해보기로 하겠습니다. 3인칭이란 잘 아시다시피 그, 그녀 등으로 표현하는 방법입니다. 복수형은 그들, 그녀들이 되겠지요. 콩나물을 표현할 때는 그녀들이라고 하면 좋겠습니다. 많은 숫자이고 머리를 가르마 탄 모양이니, "그녀들은 한결같이 가르마를 탄 채 검정 두건을 쓰고 있었다."라고 표현한다면 3인칭 은유심상이 잘 된 시어라 할 수 있습니

다. 그런데 명심해야 할 것이 있습니다. 되도록 남이 썼던 대상은 시로 안 쓰시는 게 좋겠습니다. 그래서 많은 시인들이 날마다 고민하면서 다른 사람과 다른 시를 쓰려고 노력하고 있답니다. 볼펜을 가지고 시를 쓴다면 "남몰래 한 번 먹고 일생을 살아가는 그대여. 그대의 발자취를 똥이라 한들 뭐가 부끄러울까"라고 쓴다면 재미있는 시가 될 것 같습니다. 아무튼 여러분이 보고 듣고 생각나는 것을 사물에 비유하되, 일단 1인칭, 2인칭, 3인칭이라는 말은 사람에 비유한다는 말이니까 나, 너, 그라는 말은 사물이나 사건을 사람과 같이 표현해나가면 된다는 말입니다. 이때 부분적으로 인칭은유심상을 쓰고 나머지를 성찰해나가는 방법이 있고, 전체적으로 인칭은유심상을 해가면서 은연중에 성찰하는 방법이 있습니다.

다음 졸시들을 읽으면서 공부해보기로 하겠습니다.

    그가 사람에게 밟혀 죽을 확률은
    사람이 벼락에 맞아 죽을 확률과 맞먹는다
    그가 말라죽을 확률은
    사람이 웃다 죽을 확률을 웃돈다
    그가 배 터져 죽을 확률은
    사람이 하늘로 솟구쳐 죽을 확률과 동일하다
    그가 알을 낳을 확률은
    사람이 새를 낳을 확률과 비교되며
    그가 일어서서 걸어갈 확률은
    사람이 땅속을 기어갈 확률과 견줄 수 있다
    그가 사람을 비교분석할 확률은
    사람이 지렁이를 비교분석할 확률보다 고부가가치다

그가 나를 낚싯바늘에 매달 확률과
내가 그를 낚싯바늘에 매달 확률은 핵분열의 차이다
그가 아버지의 밭일을 도와드릴 확률은
내가 아버지의 밭일을 도와드릴 확률을 상회한다
그러므로 내가 지렁이에게 절할 확률은
지렁이가 내게 절할 확률보다 현저히 높다
따라서 지렁이가 나에게 감사를 전할 확률은 희박하다
그래서 나는 지렁이에게 감사한다

— 졸시 「지렁이 확률」 전문

지난 초겨울, 남의 집 배추밭을 유린하고
서민의 주머니를 털어 문풍지를 사게끔 교사했다는 죄목으로 구속돼
3개월 징역을 살던 그놈이 출소한다는 기별이 날아든 것은 열흘 전이었다

시골 어매는 속 썩이는 그놈이 좋아하는 냉잇국을 끓여놓고
목이 빠져라 기다렸지만 그놈은 오지 않았다

동료가 성질을 건드린다는 이유만으로
감방 내에서 폭행을 휘둘러
또다시 출소가 열흘이나 연기되었다는 것이다

그놈의 승질머리하구…

— 졸시 「꽃샘추위」

어떤 이는 그를 보고 입이 싸다고 하고
어떤 이는 그를 보고 배꼽이 크다고 했다
어떤 이는 그를 보고 허벅지가 굵다고 하고
어떤 이는 그를 보고 다리 멀쩡한 게 놀고먹는다 했다
나는 그에게 두 주머니 차는 법을 배우고 싶었으나
그는 나에게 남의 것을 떼어먹는 법을 가르치려 들었다
그가 하얗게 선이 그어진 길을 따라 내려갔다
순간 모든 것의 사이를 갈라놓는 듯했으나
어느새 미끈한 허벅지가 되어 등산로를 오르고 있다

어머니는 고추를 한 자루 가져오시더니
먹고 노는 그에게 고추 꼭지를 따라고 이르셨다
그는 너무 매워 딸꾹딸꾹 피기를 일으키면서도
집안 식구 둘러앉는 두레반을 상상하면서 참아냈다
사람들은 그에게 그렇게도 많이 먹고도
언제나 똑같은 체중을 유지할 수 있는 비결을 묻자
그는 먹고 늘어지게 잠만 자는 것처럼 보일는지는 모르겠지만
늘 정중동으로 미래를 꿈꾼다고 말했다
사람들은 함부로 지껄이면 입을 찢어놔야 한다면서
제각기 제 말이 옳다고 주장했으나
그는 날 선 입으로 그들의 말을 오려냈다

— 졸시 「가위」 전문

그녀의 몸에는 뽀송한 설탕가루가 묻어 있고
나는 그녀를 꽃술처럼 드나든다
처음 그녀의 정원은 겨울나무였으나

차츰 그녀의 옷에는 봄이 도래하고
이제 그녀의 향기는 풀꽃으로 벙글어
나의 왕래를 용인한다
처음 나는 막 동면에서 깨어나 벌통 앞을 기는 벌이었으나
차츰 나는 그녀의 입맛을 위해 하트를 그리며 비행하였고
이제 나는 어깨에 꿀단지를 메고 당당히 비행한다
그녀의 꽃술에서 끈적한 타액이 흐름을 발견한 나는
더더욱 잦은 비행으로 꿀 따러 간다
나는 시나브로 그녀의 입술에 침을 꽂는 수고로움으로 영광 돌린다
모르는 사이에 그녀의 씨방은 시나브로 영글고
그녀의 씨앗이 온 대지를 풀꽃밭으로 만들 것이다

아, 이제 그녀는 나를 '에르네스토 체 게바라'라는
최상급의 스위트미트(sweetmeat) 언어로 불러댄다

― 졸시 「시(詩)」 전문

그녀에게 함부로 예쁘다고 말했다간 쫑코 듣는다
예쁜 게 어디 한 둘인가
장미처럼 예쁘다고 흔한 명사로 수식해도 구사리 맞는다
이젠 제법 원숙해 보이는 그녀는
백구와 새둥지 찾던 유년의 벌판에 핀 찔레꽃이기 때문
그녀에게는 부드럽다는 말 또한 핀잔의 대상이다
그녀의 마음은 종달새처럼 높다가
노을처럼 붉다가
칠석의 달처럼 달무리진다

그녀는 빠르다
내 감정을 휘돌아서
벌써 자전거 바퀴처럼 저만치 간다
내가 혹여 사랑 포옹 키스 등의 허망한 꿈을 꾸면
그녀는 어느새 쌩 휭 퀭
그런 부사로 변신해 꽃잎을 떨군 여름이 된다
그녀에게 가장 적절한 형용사는 무엇일까
억지로 맘 붙이면 저만치 달아나고
시무룩하면 바람으로 다가와 어깨를 다독여주는
5월, 풋 복숭아 그녀

- 졸시 「5월, 그녀의 형용사」 전문

하루를 게걸스럽게 먹은 그녀가 온다

105암병동 그 남자를 송두리째 먹었고
아이들의 울음소리와 후식으로 태를 먹는 그녀다
발자국을 먹고 팔을 먹으며 목소리를 먹고
귀가 귀를 떼어먹고 입술을 먹은 입술이 다가온다
만삭의 그 여자, 허기진 여자의 발자국을 따라가고 있다
넓고 광활한 휴면의 바다, 정보교환은 이제부터 시작이다
지금 이 시간에도 해바라기는 잠들지 않는다
스스로 시계가 되기 위해 노오란 톱니바퀴로 뜯어먹고 있다
감자는 잠투정을 하거나 배고프다며 자다 일어나 냉장고를 뒤지지 않는다
잠들어있다는 것은 또 다른 깨어남

눈을 뜨지 않은 것들은 모두 잠들지 않았다
우리는 그리 비싸지 않은 세계일주의 방법을 아직 모른다
그녀가 가만가만 자궁을 연다
어제 그녀가 먹은 것들은 오늘 모두 새롭게 태어날 것이다
63빌딩과 그 주변을 달리는 차량과 바퀴와 소리까지 먹은 그녀
아주 긴 진통으로 스타카토식 출산을 준비한다
어제 살코기서울을 실컷 뜯어먹고 20여 개의 뼈를 발려놓은 그녀는
오늘은 105암병동 남자를 용미리묘지에서 낳을 것이다
일제히 울음을 낳고 돌아와 꾸역꾸역 밥을 처넣을 것이다
작은 그늘이 간식처럼 산을 먹어치우거나 아주 어린 시내가 그 큰 강을 낳듯이
모두 약속이나 한 듯 일제히 뚝딱 새로운 계를 넘어선다
죽음이든 삶이든, 먹다와 낳다의
시작은 고양이발자국처럼 신축적이다

- 졸시 「O시」 전문

제9강 묘사심상법

제9강 묘사심상법

 이번 시간에는 묘사심상법에 관하여 공부하기로 하겠습니다. 시는 말 그대로 말놀이입니다. 말장난이라고도 할 수 있지요. 말장난은 말을 가지고 노는 놀이이기 때문에 다양한 언어방법이 동원됩니다. 그 방법이 너무나 많고 기발해서 사람들은 무릎을 치게 되지요.
 묘사심상법을 잘 하기 위해서는 한두 가지 방법만 고집해서는 안 됩니다. 우리가 천재 시인이라고 부르는 이상 시인의 「오감도」나 오규원 시인의 시를 읽으면 가히 무릎을 치게 됩니다. 이는 두 시인이 그만큼 다양한 방법으로 시를 쓰기 위해 골몰했다고 할 수 있습니다. 그런데 오랜 시간 머리를 짜내봐야 다양한 시쓰기 방법이 습득되지 않습니다. 문제는 다양한 예술감각을 익히는 것이 중요합니다. 화가 피카소는 코와 입을 교차해서 그림을 그렸습니다. 달리는 시계를 나뭇가지에 걸었습니다. 르네 마그리트는 컵에 구름을 담았습니다. 말로 되풀이 하는 경우도 있고, 상황을 되풀이하는 경우도 있고, 방법을 되풀이하기도 합니다.
 지금까지 우리 말놀이 시, 즉 묘사시의 전개방식은 거의 습관을 전제로 했습니다. 추억을 얼버무리며 작은 지식을 크게 부풀리려 했지요. 그러다 보니 독자를 가르치려 들고, 독자와의 교감공유를 생각지 않고 자신의 추억에 독자를 끌어다 붙여 독자와 작가의 정서가 같아지기를 기대했습니다.

그것은 곧 한계를 드러냅니다. 시의 독자는 시인입니다. 보통사람들은 '시가 왜 그렇게 어렵느냐?'고 물어옵니다. 그런 사람들은 수학이나 과학, 의학, 물리학에 대하여 그런 질문조차 하지 않습니다. 우리 시인들은 시는 쉬워야 한다는 일반적인 개념을 벗어나서 독자들에게 시는 재미있어야 하고 기발해야 한다는 생각을 심어줘야 합니다, 시는 학문 즉 문학임으로 꼭 초등학생이나 일반인이 읽어서 이해되어야만 하는 것은 아닙니다. 남이 쓰지 않은 방법, 남이 발견하지 못한 현상, 남이 상상하지 못한 것을 쓰는 것이 시입니다.

소설 즉 산문의 묘사는 상황묘사와 인물묘사에 치중합니다. 그래서 장황하게 늘어놓으면 됩니다. 그러나 운문, 시의 묘사는 다릅니다. 시의 묘사는 30행 미만의 짧은 문장 내에서 효과적으로 표현되어야 하기 때문에 매우 긴장된 묘사를 해야 합니다. 시에 있어 묘사란 반복이나 도치, 환치 등 다양한 방법으로 나타납니다.

시는 말이 상품입니다. 말을 어디에 배열하느냐에 따라 시의 효과는 달라집니다. 시가 꼭 거룩할 필요는 없습니다. 묘사심상법은 말을 가지고 노는 놀이이기 때문에 다양한 언어방법이 동원됩니다. 그 방법이 너무나 많고 기발해서 사람들은 무릎을 치게 되지요. 묘사심상을 잘하기 위해서는 한두 가지 방법만 고집해서는 안 됩니다. 우리가 천재 시인이라고 부르는 이상 시인이나 오규원 시인의 시를 읽으면 가히 무릎을 치게 됩니다. 이는 두 시인이 그만큼 다양한 방법으로 시를 쓰기 위해 골몰했다고 할 수 있습니다.

예를 들어보겠습니다. 나는 학교에 간다라는 말이 있습니다. 이 말을 도치법으로 사용해보면 "나는 학교에 간다, 간다 나는 학교에, 간다 학교에 나는, 나는 간다 학교에, 학교에 간다 나는" 등이 있을 수 있습니다. 그런데 아무리 도치법을 사용해도 뜻이 바뀌지 않습니다. 이는 엄연한 학생의 등교법입니다. 그런데 저는 '에'라는 조사를 앞에 떼어놓고 싶습니다. 그러면 그 문장은 순식간에 교장 선생님의 문장이 됩니다. "에 나는 학교 간다, 에 나는 간다 학교, 에 학교 간다 나는, 에 간다 학교 나는" 등으로 에를 앞에 떼어놓았을 때, 마치 교장 선생님께서 운동장 구령대에 올라서 학생들에게 "에…, 제군들은"라고 훈시를 하는 느낌이 와서 교장 선생님의 등교법이 됩니다. 또 '나는 학교에 간다'라는 말을 '나는 학교에 잔다'로 바꾸면 소사 아저씨의 등교법이 될 수 있습니다.

　미국 신대륙을 발견한 콜럼버스가 많은 사람들 앞에서 계란을 가지고 "이 계란을 세울 수 있는 사람이 있느냐?"고 물었을 때 아무도 대답을 하지 못했습니다. 그가 계란의 숨구멍을 깨뜨린 뒤 탁자 위에 세웠을 때 사람들은 "에이, 그렇게는 누가 못 세우겠어."라고 비아냥거렸습니다. 실제로 세울 수 있는 사람이 있으면 나오라 할 때는 아무도 나오지 않고 말이에요. 문장에 겁을 내지 마세요. 아무데나 자르고 붙이고 변용해보시기 바랍니다. 그것이 시의 묘사입니다.

　우선 제가 쓴 「승과 패」라는 시 한 수를 소개합니다. 이 시는 천년 사찰에 갔다가 낙숫물에 구멍이 난 댓돌을 보고 쓴 시입니다. 그런데 표현방식이 남과 다릅니다. 말을 위에서 아래쪽으로 비가 오듯 배열해놓았습니다. 특히 읽으실 때 "못뚫나봐라"의 반복부분은 염불을 읽듯 읽어주시기 바랍니다. 한 번 읽어보겠습니다.

천년 사찰 지붕에서 빗물이
천년을 떨어지며 주춧돌에게 하는 말

못못못못못
뚫뚫뚫뚫뚫
나나나나나
봐봐봐봐봐
라라라라라

이 앙다물고 눈 부라리며
주춧돌이 하는 말

뚫뚫 뚫뚫
리리리리리
나나나나나
봐봐봐봐봐
라라라라라

때리던 놈 제풀에 멋쩍어 가끔 해맑게 웃고
매 맞던 놈 다리 쭉 뻗고 여전히 코를 곤다

— 졸시 「승(勝)과 패(敗)」 전문

재미있으시지요? 주춧돌 부분에 일부러 한 자를 뚫어(지워)놓았습니다. 여러분이 웃으신 것은 절간을 보고 쓴 저의 시가 그만큼 잘 묘사되었다고 생각하기 때문입니다. 지금까지 우리는 시를 쓸 때 거의 습관을 전제로 쓰여졌습니다. 추억을 얼버무리며 작은 지식을 크게 부풀리려 했지요. 그러다보니 독자를 가르치려 들고, 독자와의 교감공유를 생각지 않고 자신의 추억에 독자를 끌어다 붙여 독자와 작가의 정서가 같아지기를 기대했습니다. 그래서 구태를 양생하고 웅장한 건축물인양 치부하였습니다. 자신의 경험이 독자에게 공감될 수는 있어도 신선감을 불어넣기엔 역부족입니다.

또 한 수를 읽어보겠습니다.

두부 심부름을 잊어먹을까 외우며 간다
두부두부 두부두부
길목에서 고양이가 나타나 야옹거린다
두부두부두야옹야옹 두부두부야옹야옹
두부도 잊기 싫고 고양이도 좋다
한참을 가는데 자전거가 비키라며 따르릉거린다
두부두부야옹야옹따르릉따르릉 두부두부야옹야옹따르릉따르릉
두부가게에 도착해서
두부두부야옹야옹따르릉따르릉 주세요, 주문을 한다
네, 어묵 한 박스랑 칼국수 네 봉지요
내 말을 듣다가 전화를 받은 아저씨
너, 뭘 달라고 했냐, 묻는다
얼른 생각나지 않는다
어묵 한 박스랑 칼국수 네 봉지요
아니다 네가 그렇게 많이 사갈 리가 없다

옛다, 어묵 한 봉지랑 칼국수 한 봉지

그날 나는 그 지겨운 두부찌개를 벗어나
어묵이 든 칼국수를 두 그릇이나 먹었다

— 김순진 「칼국수 먹기」 전문

　이 시는 제 아들이 어릴 적에 두부를 사오라고 심부름을 시켰습니다. 아들은 두부두부 하고 외우고 가다가 고양이가 나타나고 자전거가 나타나서 그걸 외우며 가다가 두부 가게에 가서 주인의 전화 받는 소리에 심부름을 까먹고 어묵을 사온 이야기를 쓴 시입니다. 그런데 '두부두부'하고 가다가 고양이를 만나 '두부두부야옹야옹 두부두부야옹야옹'하며 가고, 그러다 자전거를 만나 '두부두부야옹야옹따르릉따르릉, 두부두부야옹야옹따르릉따르릉'하며 외우고 가서 실제로 두부를 사려고 했지만 까먹고 다른 걸 사오는 과정이 재미있습니다. 그리고 이 세상에는 꼭 그것이 필요한 것만은 아니라는 것을 말해주고 싶었습니다.

　　　붓칫핏칫 붓칫핏칫 붓칫핏칫 푸칫칫푸 피칫칫 피칫칫 푸치 피칫칫푸

　　　붓칫핏칫 할머니가 죽었어 하나도 안 슬퍼 잔소리가 죽어서 기분이 너무 좋아 나를 싫어했어 딸이라고 싫어했어 자기도 여자면서 나만 싫어했어 이래라 저래라 하던 잔소리가 죽었어, 밥맛잔소리 마귀잔소리 사사건건잔소리 붓칫핏칫 붓칫핏칫 답답해 답답해 가슴이 답답해 잔소리 때문에 가슴이 답답해, 소리를 질렀어 잔소리가 죽었다 정말 잘 죽었다 이

제부터 해방이야 술담배 외박까지 내 맘대로 하는 거야 생리 끝난 날처럼 속이 다 후련해 붓칫핏칫 붓칫핏칫

할머니 관棺 나가는 울타리에 빠알간 강낭콩꽃 피었어요 노제路祭 지내는 마을회관전봇대에 자주색 나팔꽃을 보샐래요 산소자리 옆 소나무에 남색 칡꽃도 피었네요 사랑하는 척 목 조르는 잔소리를 들어봐요

푸칫칫푸 피칫칫 피칫칫 푸치 피칫칫푸 그러나 잠시뿐 잔소리 어디 갔어 잔소리 목말라 잔소리 내놔 잔소리랑 놀고 싶어 잔소리를 찾아줘 이리저리 헤맸어 잔소리가 좋아졌어 잔소리 무지 좋아 잔소리 잔소리 밥보다 좋은 잔소리 컴겜잔소리 핸폰잔소리 얼짱잔소리 잔소리는 없어 어디에도 없어 잔소리를 찾아다녀 잔소리를 사고 싶어 마트 가서 찾아봐 잔소리 팔 사람 어디 있나 잔소리 잔소리 잔소리는 안 팔아 아무도 안 팔아 사랑하는 사람에게만 공짜로 주는 거래 잔소리가 고파 꼬르륵 꼬르륵 잔소리가 당겨 입덧을 하는지 잔소리가 먹고 싶어 군고구마잔소리 바나나잔소리 냉면잔소리 온 동네를 뒤져도 잔소리는 없어 잔소리를 시켜줘 잔소리자장면 잔소리통닭 잔소리피자 텅 빈 잔소리 백업 잔소리 잔소리를 포맷해 푸칫칫푸 피칫칫 피칫칫 푸치 피칫칫푸

할머니 잔소리를 어디다 두셨어요 낯선 길이 나를 잡아당겨요 튕겨나갔다가 고무줄로 되돌아와 잔소리를 뒤져봐요 혹시나 잔소리가 여기에 계실까 이 방 저 방 열어봐요 잔소리라면 끓여줘요 잔소리방청소 해주세요 잔소리목욕 같이 가요

붓칫핏칫 붓칫핏칫 붓칫핏칫 푸칫칫푸 피칫칫 피칫칫 푸치 피칫칫푸 잔소리가 죽었어 잔소리를 염했어 잔소리를 묻었어 잔소리에 친친(親親) 감긴 할머니를 풀어줘 잔소리가 들려 이명처럼 들려 꽃피는 끈 잔소

리 우리 집안 꽃피우던 아름다운 잔소리, 엉엉…

　　- 졸시 「잔소리를 찾아서 - 어느 소녀의 고백(비트박스 풍으로)」 전문

이 시는 랩입니다. 저는 랩퍼가 아니기 때문에 비트박스를 잘 못하지만 그냥 빠르게 읽어만 봐도 재미가 있습니다. 시는 이렇듯 다양해야 합니다. 처음에 이 시를 쓸 때는 잔소리가 우리 집안을 키운다는 생각으로만 썼는데 너무 교훈적이라 별로 시적이지 않았습니다. 그런데 이렇게 비트박스 풍으로 랩의 가사로 바꾸고 나니 시가 훨씬 재미있어졌습니다. 시는 것 교훈적이거나 이념적이어서는 안 됩니다. 그것은 도덕시간에 배워야할 덕목이고 어찌되었던 문학은 재미가 있어야 구매력이 생기는 상품입니다. 따라서 진실, 즉 스토리가 튼튼해서 문학이 될 수도 있겠지만 묘사, 즉 반복과 배치에 따라서 재미요소를 생산할 수도 있습니다.

　　자라가 손가락을 물었다
　　솥뚜껑 꼭지도 떨어뜨린다는 자라가
　　손가락을 물었다

　　자라지 못하게
　　자라는 것을 훼방 놓고
　　자라는 싹수를 밟지 마
　　자라는 나무를 꺾지 마
　　자라는 나무에 올라가지 마
　　자라는 나무에 등비비지 마

그러니까 자라다 못 자란
자라는 나무가 자라다 말고
손가락을 물지
손가락만 물기에 망정이지
너희 집 기둥을 물면 어쩌냐

자라는 나무는 자라야 한다
아무도 물고 싶지 않은 자라는

* 1986 식목일에 즈음하여

— 졸시 「자라, 손가락을 물다」 전문

정말 자라가 손가락을 문 것은 아닙니다. '자라는 나무'에서 나오는 '자라'라는 말을 붙들고 늘어진 것입니다. 성유법(聲喩法) 중 의성법(擬聲法)의 일종입니다. 말소리를 붙들고 늘어지면 의성법, 행동을 붙들고 늘어지면 의태법인 것입니다. "눈에 눈이 들어가니 '눈물'인가 '눈:물'인가?" 같은 말이지요. 이를 테면 "'예산'에 가려면 '예:산'을 잘 세워야 한다" 같은 말을 붙들고 늘어지는 것도 한 방법입니다. "한 사람이 말을 타고 와서 말을 걸었다 거 말 좀 물읍시다 어디가야 말을 빌릴 수가 있을까요"라고 했을 때는 의성법 의태법이 공통으로 나타납니다.

다음 시 한 수를 더 읽어보겠습니다.

    일요일 저녁

무얼 해 먹을까 생각하다가
지난 금요일에 사다 놓은 두부가 생각났다
아차, 스스로의 둔부를 때리며
냉장고를 여니 두부는 쉰 냄새를 풍기고 있다
갇혀있던 그가 꺼내달라고 쉰 목소리로 절규하고 있었던 것이다
팔다리가 보이지 않는 두부(豆腐)는 모두
두부(頭部)로만 이루어져 있나 보다
콩은 으깨어지고 팔팔 끓여져서도
우리 가족의 건강을 걱정하고 있었다
가족의 건강을 생각지 않고 나만 생각해온 나의 두부
재빠르게 둔부를 움직여 슈퍼에서 새 두부를 사 오며 생각한다
두부는 신선한 생각으로 채워져야 한다고

— 전하라 「두부(豆腐) 두부(頭部), 둔부(臀部)」 전문, 시집 『발가락 옹이』 (문학공원)

위 시는 《스토리문학》 편집장으로 활동하고 있는 전하라 시인의 시로써 기발하고 무릎을 치게 만듭니다. 이 시는 말놀이 시 즉 묘사시의 백미라 할 수 있습니다. 문학은 말을 파는 상점입니다. 말을 팔려면 말에 대한 정성이 필요합니다. 곧 말을 잘 닦고 포장하며 손님의 눈에 띄기 쉬운 곳에 진열하여야 합니다. 시인은 두부찌개를 끓이려다가 자신의 둔부를 때리며 두부를 사다 며칠 놔둬서 상한 것을 탓합니다. 그러면서 시인은 두부가 머리로만 이루어졌음을 발견합니다. 팔다리는 모두 내려놓고 두뇌로만 이루어진 두부, 그것은 어쩌면 두부가 사람에게 그렇게 이롭다는 것을 간접적으로 표현하는 시인의

기질이라 할 수 있습니다. 아무튼 전하라 시인은 이와 같은 말놀이, 묘사심상을 계속해나갑니다.

    순결한 너의 자태 보지 못하고 화무십일홍(花無十日紅)이란 말을 썼으니 이젠 화유백일홍(花有百日紅)으로 이름을 바로 잡아보세. 너의 이름은 처음부터 특이해 하룻밤 자고나면 너의 생명의 날은 데크레셴도(decrescendo)로 점점 엷어지면 질수록 너의 자태의 아름다움은 크레셴도(crescendo)로 점점 더 강하여져가니 그 아름다움의 영상(映像)과 풍기는 너의 향기(香氣)는 잊을 수 없구나

    백일홍 구십구일홍 구십팔일홍 구십칠일홍 구십육일홍 구십오일홍 구십사일홍 구십삼일홍 구십이일홍 주십일일홍 구십일홍 팔십구일홍 팔십팔일홍 팔십칠일홍 팔십육일홍 팔십오일홍 팔십사일홍 팔십삼일홍 팔십이일홍 팔십일일홍 팔십일홍 칠십구일홍 칠십팔일홍 칠십칠일홍 칠십육일홍 칠십오일홍 칠십사일홍 칠십삼일홍 칠십이일홍 칩십일일홍 칠십일홍 육십구일홍 육십팔일홍 육십칠일홍 육십육일홍 육십오일홍 육십사일홍 육십삼일홍 육십이일홍 육십일일홍 육십일홍 오십구일홍 오십팔일홍 오십칠일홍 오십육일홍 오십오일홍 오십사일홍 오십삼일홍 오십이일홍 오십일일홍 오십일홍 사십구일홍 사십팔일홍 사십칠일홍 사십육일홍 사십오일홍 사십사일홍 사십삼일홍 사십이일홍 사십일일홍 사십일홍 삼십구일홍 삼십팔일홍 삼십칠일홍 삼십육일홍 삼십오일홍 삼십사일홍 삼십삼일홍 삼십이일홍 삼십일일홍 삼십일홍 이십구일홍 이십팔일홍 이십칠일홍 이십육일홍 이십오일홍 이십사일홍 이십삼일홍 이십이일홍 이십일일홍 이십일홍 십구일홍 십팔일홍 십칠일홍 십육일홍 십오일홍 십사일홍 십삼일홍 십이일홍 십일일홍 십일홍 구일홍 팔일홍 칠일홍 육일홍 오일홍 사일홍 삼일홍 이일홍 일일홍

그렇지!
우리도
한번
백일홍의 백(魄)을 받아서
백 년의 수를 누려보세

— 권성묵 「백일홍(百日紅)」 전문, 시집 『그분은 예술가이십니다』
(문학공원)

가히 무릎을 칠 일입니다. 정말 기발한 아이디어입니다. 그동안 나는 백일홍이 저절로 붉어지는 줄 알았습니다. 그런데 권성묵 시인의 이 시를 읽으며 작은 꽃이라 할지라도 거저 피는 것이 아님을 알게 되었습니다. 백일홍은 뿌리로부터 "일일홍 이일홍 삼일홍…."하며 시나브로 붉어지고 있었던 것입니다. 그 모양을 본 권 시인은 "백일홍", 즉 꽃이 피어 완성된 모양을 맨 위에 올려놓고 그 아래는 "백일홍 구십구일홍 구십팔일홍 구십칠일홍 구십육일홍…." 그렇게 점차적으로 줄어들면서 뿌리가 꽃대를 세우고 잎을 만들고 꽃잎을 지어 세상에 내놓기까지의 수고를 헤아리고 있는 것입니다. 장석주 시인은 「대추 한 알」이라는 그의 시에서 대추가 붉어지는 이유를 노래했습니다. 그는 "저게 저절로 붉어질 리는 없다 / 저 안에 태풍 몇 개 / 저 안에 천둥 몇 개 저 안에 벼락 몇 개"가 들어있어서 붉어진다고 한 것입니다. 또 그는 대추의 둥근 이유에 대하여 "저게 저 혼자 둥글어질 리는 없다 / 저 안에 무서리 내리는 몇 밤 / 저 안에 땡볕 두어 달 / 저 안에 초승달 몇 날"이 들어있어서 둥그러진다고 했습니다. 권성묵 시인은 꽃에도 넋이 있어서 백일홍이 꽃으로 붉어지는 동안, 그가 목사로서 오직 하나님을 위하여 평생을 바친 것과 같이 백일홍이 오직 붉음을 위하여 평생을 바친 것이 아닐까 생각합니다. 묘사심상법으로 쓴 졸시 몇 수 더 읽어보겠습니다.

지하철 좌석에 사람들이 주욱 앉아있다
그들이 신은 신발 끈을 물끄러미 바라본다
구두운동화운동화운동화구두운동화운동화운동화

구 X ㅡ X X 구 ㅡ X
   X ㅡ X X   ㅡ X
   X ㅡ X X   ㅡ X
두 X ㅡ X X 두 ㅡ X

일직선으로 끈을 맨 신발보다
X자로 맨 신발들이 더 많다
그런데 사람들은 신발 끈을 X자로 맨 사람들을 나무라지 않고
아무런 느낌 없이 앉아있다
살아간다는 것은 어울린다는 것
생각이 다르다는 것은 반대가 아니라
새로운 세상으로 가기 위한 운동화 같은 것
구두로 말하든 침묵으로 말하든
기권 없는 열차는 목적지를 향해 달리고 있다

                          - 졸시 「X도 같은 편임」 전문

초등학교에 다녀온 내 동생
어디서 들었는지 뜻 모를 소리를 한다

동태눈깔 동포 여러분
시들시들 시민 여러분
미나리 먹고 미쳤습니까
도라지 먹고 돌았습니까
생강차 먹고 생각해 봅시다

어이쿠, 찔린다
뭘 알고 그러는 겐지

— 졸시 「반성」 전문

엄마는 4월 20에 태어나서
8월 24일에 돌아가셨다
그러니까 8월에 죽은 엄마를 만나기 위해서
8개월만 기다리면 된다
그러면 엄마는 4월에 다시 태어날 테고
8월까지 4개월 동안 나는 엄마와 행복하게 살 것이다
함께 살 수 있는 날이 고작 4개월이지만
날마다 엄마랑 함께 살 것을 생각하니 너무나 행복해진다
그리고 또다시 엄마가 죽으면
남은 8개월 동안은 잠이 많은 듯 망각하고 살면 되겠지
엄마가 태어나면 엄마가 내게 그랬던 것처럼
나는 개구리를 잡아 암죽을 쒀 먹이면서
어린 엄마를 우량아로 기를 테야
그리고 8월에 엄마가 죽으면
엄마가 들에 김매러 간 걸 모르는 척 딴청을 피워야지
뭐 8개월만 있으면 엄마가 태어나니까

지금은 5월 스무하루
벌써 엄마가 태어난 지 한 달이나 지났네
날마다 나에게 기쁨을 주며
엄마가 우량아처럼 자라고 있다

                    - 졸시 「엄마를 우량아로 기르는 방법」 전문

젊은이들은 전철 문이 열리기를 기다려 줄을 서지만
노인들은 줄 서지 않고 옆에 있다가 전철 문이 열리자마자
자리를 먼저 차지하려고 줄을 무너뜨리고
사람들이 나오는 가운데로 쑤시고 들어갑니다.
꽃도 늙으면 아무 데로나 날아가는구나 생각했습니다
꽃들을 보세요.
진달래가 피더니 철쭉이 피고
조팝나무가 피더니 아카시아가 핍니다
길가엔 갖가지 식물들이
절대로 추함 없이 기다리다가
순서대로 꽃으로 피어납니다
좀 급하다고 새치기하지 않으며
아줌마들처럼 가방을 던져 자리를 차지하는 법도 없지요
젊은 사람들이 힘세다고
어른들한테 일어나라 자리 빼앗는 거 보셨나요
당신들은 바담풍하며
우리들 보고 바람풍하라 하시네요
우리는 바름풍 할 테니
어른들은 여전히 아름다운 꽃으로 남아주세요
꽃이 질서 있게 피어나 아름답듯

질서도 지켜질 때 아름답습니다

- 졸시 「바담 바람 바름」 전문

지인이 새 아파트 단지로 이사했다는 소리를 들었다
늘 빈둥거리던 그가 새 아파트를 샀다는 것이 믿기지 않았다
아내는 집들이를 가자고 졸랐다
아파트단지에는 정원이 잘 정돈되어 있고
항아리, 질그릇 따위의 단지는 볼 수 없었다
나는 단지 내 슈퍼에 들러 슈퍼타이나 휴지 한 타래를 사주려 했다
아내는 요즘 집들이 선물로 그런 걸 누가 사느냐며
그냥 돈으로 십만 원을 주라고 했다
만 원짜리 하나 사면되는데 십만 원을 주라니
내장단지가 심하게 뒤틀림을 느꼈다
전화를 하자 집 산 사람은 제 집으로 들이지 않고
단지 앞 상가 식당으로 우리를 불렀다
나는 하는 수 없이 돼지갈비 몇 점에 소주를 얻어 마시고
십만 원을 부조했다
아내는 집 구경을 가자고 했으나
집도 없는 놈이 십만 원씩 빼앗긴 게 약이 올라
단지 바쁘다는 이유로 아파트 단지를 빠져나왔다
아파트단지 앞의 한 꽃집
주둥이가 깨진 단지에는 마가렛 꽃이 입을 가리며 웃고 있었다

- 졸시 「단지 그 이유만으로」 전문

청계천물 한 마리가 유유히 헤엄치고 있다
물 한 마리 뱃속에는 잉어 한 마리 붕어 한 마리 피라미 한 마리 미꾸라지 한 마리
수없이 많은 한 마리들이 각자 한 마리 한 마리 살고 있다
한강물 한 마리가 청계천물 한 마리를 잡아먹고 웃는다
한강물 한 마리는 불광천물 한 마리와 중랑천물 한 마리를 잡아먹고 나오는 중이다
청계천물 한 마리가 죽고 싶은지 한강물 한 마리의 꼬리를 물고 늘어진다
인왕산물 한 마리도 신설동하수구물 한 마리도 청계천물 한 마리의 꼬리를 물고 늘어진다
가뭄에 사는 겨우물 한 마리는
장마 때 사는 너무물 한 마리와 엄청물 한 마리를 무서워하지 않는다
나는 청계천물 한 마리를 물끄러미 바라보다가
물에 꿰어지고 싶어 물에 들어가 청계천물 한 마리를 밟고
기어이 물 한 마리가 된다
청계천물 한 마리는 토사곽란 같은 물 한 마리다
청계천물 한 마리는 아이들 경기 같은 물 한 마리다

그 물 한 마리가 유유히 지느러미를 움직인다
저 가면의 정사 같은 물 한 마리는 언제까지나 돈으로 흐를 것인가
저 거짓뿌렁이 물 한 마리

― 졸시 「물 한 마리」 전문

제10강 성찰심상법

제10강 성찰심상법

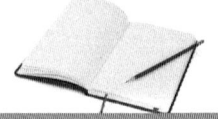

　지금까지 여러 가지 심상법에 대하여 배웠습니다. 인칭은유심상법은 각 인칭에 따라서 심상을 달리하는 방법입니다. 그리고 묘사심상법에 대하여 배웠지요. 묘사심상법은 언어의 유희를 통한 심상법이라고 해도 좋습니다. 우리는 시인입니다. 시인의 상품은 언어지요. 따라서 언어를 얼마나 맛깔스럽게 배열하느냐가 묘사심상법 성공의 열쇠가 되는 셈입니다.

　이번 시간에는 성찰심상법에 대하여 공부해 보기로 하겠습니다. 성찰심상법이란 말 그대로 시에 있어 자신을 되돌아보는 심상법입니다. 이 심상법은 정말 많은 시인들이 쓰고 있는 방법이고 현대시의 주류를 이룬다고 할 수 있습니다. 자칫하면 가르치려고 든다는 소리를 들을 수 있으니 은연중에 자신의 생각을 넣어야지 '~해라'나 '~하니라.' 식으로 종결어미가 끝나면 좋은 시가 될 수 없음을 잊지 말아야 합니다. 이 방법은 어떤 현상을 발견하고 전개해나가다가 반성이나 성찰을 꾀하는 방법입니다. 이때 성찰을 넣기 위해서 억지로 어머니나 아버지 그리고 자신이 반성하는 말을 쉽게 들키면 독자는 식상해지기 쉽습니다. 따라서 너무나 흔한 어머니, 아버지를 통한 성찰에 얽매이지 말고 자신의 성찰에 주력하는 것이 좋습니다. 또는 성찰이 없는 듯 보이지만 성찰이 있는 시는 독자에게 신선감을 줍니다. 말하자면 드러내놓고 성찰하는 것이 아니라 그 시를 읽음으로써 성찰효과를 가져올 수 있으면 더욱 좋은 시라고 할 수 있겠지요. 문학을 하는 궁극적인 목적이 자신을 되돌아보고 자아를 발견하는데 있다고 한다면 시창작의 심상법에 있어서 성찰심상법은 아주 중요한 위치를 차지한다고 할 수 있습니다. 사실 모든 시는 이 방법을 채택하고 있다고 해도 과언이 아니지요. 이를테면 인칭은유심상법을 쓰면서 묘사심상법을 병행하여 쓸 수 있고, 인칭은유심상법과 묘사심상법에 성찰심상법을 가미한다면 한편의 완성도 높은 시가 발생할 수 있다고 생각합니다. 그런데 모든 시가 인칭은유심상법으로 쓰여진다면 방법이 단조로워서 읽는 사람으로 하여금 금방 실증이 나게 할 수 있습니다. 따라서 여러 가지 다양한 방법을 동원해서 시를 쓰시는 게 중요하다는 말씀을 드립니다.

    마른 벽에 못을 박는다
    벽이 울린다
    벽이 아프다고 쩌렁쩌렁 울리는데
    못 박는 내 가슴은 말없이 더 울렁거린다
    받아 달라고 받아 달라고
    마음을 다잡고 힘껏 내리친다

    딱딱한 벽으로
    돌아누운 당신의 등을 향해
    수직으로 깊이 뿌리 내리고 싶은
    내 아픈 사랑을 박는다

― 이유민 「당신에게 못을 박다」 전문, 시집 『넝쿨주의보』 (문학공원)

 이 시는 성찰시입니다. 20여 년 전 어느 문학지사에서 100명의 현역시인들에게 시를 쓰는 이유에 대하여 물었습니다. 시인들 대부분의 대답은 '자기구원'이라고 대답하였습니다. 맞습니다. 시는 자기구원입니다. 끊임없이 자기를 되돌아보고 성찰하여 나락으로 떨어지려는 수렁으로 빠져들려는 자신을 자기가 구원하는 것입니다. 저는 제자들에게 "열심히 시를 쓰면 불효자도 없어지고, 이혼율도 줄며, 자살하는 사람도 없어진다."고 수없이 말해왔습니다. 날마다 "나는 누구인가?", "무엇을 하는 사람인가?", "나는 지금 어디로 가고 있는가?"에 대하여 질문을 던진다면 상대방을 아프게 하지도 상대방 가슴에 대못을 박지도 않을 것입니다. 사람들은 가까운 사람들에게 가장 심한 상처를 받습니다. 그래서 부부간에 이혼을 하고 형제들이 싸워 서로 연락을 단절하며 오가지 않는 경우를 자주 봅니다. 그런데 이혼이나 연락단절은 이유민 시인처럼 자신이 한 말이나 행동에 대하여 반성하고 성찰하지 않기 때문에 생기는 일들입니다. 이유민 시인 같이 반성을 자주 하는 사람은 남편의 가슴에 못을 박는 말을 거의 하지 않을 사람으로 보입니다. 이유민 시인이 남편에게 못을 박고 있다는 말은 배려의 말의 잦은 주문일 것 같습니다. 말하자면 귀에 못이 박히도록 말한다는 뜻으로 들립니다. 아무튼 이 시에서 마른 벽이란 잘 말을 들어주지 않는 상대방에 대한 요구사항 같은 것입니다. 결국 아내가 잔소리를 하고, 주문을 하는 것은 남편들의 귀에다 사랑의 못을 박는 것입니다. 그리하여 다른 여자들의 목소리를 듣지 못하도록, 나와 남편이 그 못으로 인해 일심동체로 붙어 떨어지지 못하게 하려는 것이라 생각됩니다.

그럼 졸시를 몇 수 더 읽어봅시다.

> 태어날 때부터
> 목이 비틀릴 것을 감수하였습니다
> 그들은 나를 늘 기울어뜨리고
> 결국엔 나를 넘어뜨리거나 내동댕이칩니다
> 그래도 알싸한 가슴을 지녔기에
> 손오공처럼 여럿으로 되살아나며
> 오뚝이처럼 쓰러졌다 되일어서며
> 늘 불려 다닙니다
> 아줌마, 여기 소주 하나 더요.
> 머리가 있어야 각광받는 것은 아니더라구요
> 상대방을 감동시킬 가슴이 있다면이야
> 서로를 위로해줄 가슴만 있다면이야
> 목이 좀 비틀린들 그까짓 게 대수겠습니까
> 든 척 난 척 하는 사람들 꼴사나워
> 이판사판이다 어디 해볼 테면 해봐라
> 모가지 내놓고 산 지 오래되었습니다
> 모가지 내놓고 사니 무서울 게 없데요
> 늘 처음처럼 서로의 힘이 되어주며

사람답게 살아갈 수 있는 방법은
머리보단 가슴입니다

　　- 졸시 「머리보단 가슴입니다 - '처음처럼' 소주를 마시며」 전문

철이네가 정들자마자 이사를 간단다 이사 가지 말고 오순도순 살자 했건만 가야한단다 그냥 보낼 수 없어서 이삿짐을 옮겨주는데 이불을 내장 발리듯 하니 바위인 양 굳건히 지키던 장롱이 한 손으로 밀어도 흔들린다 한쪽을 밀어 방향을 트니 먼지 묻은 동전 몇 개가 신트림을 한다 순간 철이 엄마는 콘돔껍질을 빨간 얼굴로 집어 감춘다 모르는 척 장롱을 기울이니 포르노 테이프 한 개가 물미끄럼 탄 여체처럼 떨어져서도 당당하다 그제야 철이 엄마는 '이거 드릴까요' 한다 나는 더욱 두꺼운 얼굴로 '주면 좋지'라며 받아 바지 뒷주머니에 꽂고 장롱을 들어내다 삼재수에 말려 오라진 신문지를 펼쳐본다

IMF 총재가 내한하고 뇌물 정치인이 구속되었다는 기사로 세상이 어수선했었는데 잘도 누른 장롱의 무게

삼재수에 휘말린 신문지는 목숨을 구하고도 증인을 선다

이면에는 떡장사 할머니가 후학들을 위하여 평생 모은 돈 기억을 모두 희사했다더니 그래서 여태 견디었구나?

　　　　　- 졸시 「장롱의 무게를 견딘 언어들」 전문

야, 누가 멀리 나가나 시합할래?
번데기 자라 오디 세 녀석들이
도랑둑에 주욱 서서 엉덩이를 내리까더니
배를 앞으로 내밀며 오줌을 갈깁니다
포물선을 그으며 떨어지는 오줌발
포물선그래프는 금방 지워졌지만
도랑물은 연신 즐겁다 춤추며 흘러갑니다

오십을 목전에 두고 생각합니다
굵었던 상승곡선을 지나
하강곡선으로 가늘게 부서지는
내 인생의 오줌발이지만
벌거벗은 몸으로도
포물선이 즐거울 수 있도록
시원한 배출을 꿈꿉니다

— 졸시 「포물선의 즐거움」 전문

그는 본디 촌놈이라
도시로 나올 때부터 어리버리하긴 했다
그래도 그렇게 하얗게 바수어질 줄은 몰랐다
거기까지가 끝인 줄 알았다
그런데 사람들은 심한 물고문으로 윽박지르더니
천오백 도 끓는 기름에 그를 떠밀어 넣었다
고통에서 벗어나기 위해 온 몸에 기를 모아
몸을 부풀리며 몸부림쳤다

히히 이놈들아
그 정도로 포기할 줄 알았다면
도시로 나오지도 않았다
어차피 그의 인생은 태어날 때부터 꼬여 있었다
전쟁 없이 어떻게 무용담을 이야기하리
그렇게도 꼬인 인생을 살면서
그는 한 점 부끄럼 없이 노점 좌판에 버티고 앉아
노오란 웃음 지으며 달콤히 사는 법을 가르치고 있다

* 녹번역 입구 꽈배기 노점을 보며

— 졸시 「꽈배기」 전문

100ml 피로회복제를 마신다
모가지를 비틀자 개구리가 운다

지렛대로 바위를 흔들어
겨우내 잠자고 있는 개구리를 잡은 적이 있다
개구리는 울어볼 새 없이 자다가 잡혔고
새까맣게 알 가진 개구리를 맛있다고 먹은 적이 있다
겨울잠에서 막 깨어난 개구리를 잡으려고
저수지 둑에 불을 놓은 적이 있다
개구리는 울어볼 새 없이 달아나다 **뻣뻣하게** 구워졌고
나는 실버들가지에 죽은 개구리의 눈을 꿰기 바쁜 적이 있다

죽어가면서 우는 드링크 모가지에게 사과한다
개구리 잡아먹은 거 정말 잘못했다고

— 졸시 「모가지에게」 전문

창밖에 달이 떠오르자
견고히 싸맸던 떡잎을 벗고
아내의 목련이 핀다
나는 바람이 되어
하얀 레이스 속을
조심조심 들여다본다
저 목련 두 송이가
우리 집을 이만큼이나 밝혀놓았지
여보, 여보
작은 소리로 두어 번 불러보다
바람에 후두둑 떨어질까 봐
달을 꺼둔다

꽃무늬 팬티에 얼비친
꿈의 뿌리가 깊다

— 졸시 「밤에 피는 목련」 전문

지하철 계단을 내려가다가 구두 한 짝이 벗겨졌다

어린 소의 코를 뚫어 코뚜레를 끼우고
멍에를 얹어 소를 부리던 아버지를 생각한다
장려소를 잠시도 놀릴 수 없어
겨울엔 발구나무를 하고
여름이면 마초를 깎아 날라야만
여섯 식구 입에 겨우 풀칠했던 아버지

월급과 밀린 월세를 챙겨주려고
동동걸음으로 뛰어
겨우 맞추고 나서야 구두가 벗겨졌다
발굽이 다 닳도록
지하철로 빌딩으로 끌고 다닌 소가
주저앉아 되새김질을 하고 있다

— 졸시 「소」 전문

7019번 버스종점 해거름 모퉁이에
좌판을 펼친 할머니가 옥수수를 삶아 팔고 있습니다
듬성듬성 이 빠진 얼굴로 이 고른 옥수수를 팔고 있습니다
옥수수 껍질 같은 손으로 입을 가리며 웃는 할머니
한때 고른 이를 하얗게 벌리며 웃던 시절이 있었습니다
옥수수를 까며 뽑아놓은 옥수수 솔이 할머니의 머리카락처럼 갈색입니다
한번 흰 머리는 깜장 물을 들여도 갈색입니다
하나 더 달라 떼쓰는 갈색 선글라스 여자에게 못 들은 척
하얀 시치미 떼며 먼저 솥에 찐 옥수수를 쥐어 보냅니다

가끔 손자 같은 어린 손님이 올 때면
새 솥을 뒤져 하나 더 꺼내주는 할머니 얼굴은 금방 하늘색이 됩니다
사람들은 옥수수수염차를 마신다고 합니다
할아버지 수염을 언제 만져보았는지 생각나지 않습니다
오늘처럼 장사가 안 되고 무더운 여름날엔
유난히도 할아버지 수염에 목마릅니다
틀니 없이도 꿀꺽꿀꺽 삼킬 수 있는 할아버지 웃음이
조갈증 나는 여름입니다

- 졸시 「옥수수 할머니」 전문

겨우내 바위에게 배우려 애썼다
그러나 그 생각이 우매했음을
봄이 되어서야 깨달았다
그처럼 삭풍에도 끄떡없던 그가
그 가녀린 새싹을 누르지 못하고
틈새를 내어주다니…
한동안 나는 우직함과 강인함을 지향했다
그러나 이제 나는 가녀림과 여성스러움으로
인생 좌표를 수정한다
내가 남성이라 불리는 것은
내 생각의 대부분이
여성으로 채워져 있기 때문이 아니던가
반석(盤石)은 나에게 있어
진전 없는 안주(安住)일 뿐
싹수가 노랗다는 말은

가능성 희박이 아니라
바위를 밀고 올라오는 부드러움

이제 나의 사전 색인엔
여림이 우선한다

- 졸시 「바위틈 새싹을 보며」 전문

제11강 관찰심상법

제11강 관찰심상법

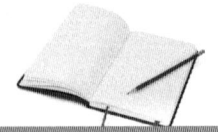

　지금까지 인칭은유심상법 세 가지(1인칭, 2인칭, 3인칭)와 묘사심상법, 그리고 성찰심상법에 대하여 공부하였습니다. 여기서 인칭심상과 묘사심상, 성찰심상은 상호 보완관계를 가지고 어느 곳에서나 사용할 수 있다고 말씀드렸습니다.
　이번 시간에는 관찰심상법에 관하여 공부하기로 하겠습니다. 관찰심상법이란 사물을 세밀하고 면밀하게 관찰하여 사람의 마음과 연결시켜 묘사해내거나 성찰해내는 시적 방법을 말합니다. 사물을 관찰하는 방법에도 여러 가지 방법이 있습니다. 사람으로 사물을 관찰하는 방법이 있는가 하면 사물이 사물을 관찰하는 방법도 있고, 사물이 사람을 관찰하는 방법도 있을 수 있겠습니다.
　일찍이 박남수 시인은 「아침 이미지」라는 시를 통하여 다음과 같이 관찰하였습니다.

　　　　어둠은 새를 낳고, 돌을 낳고, 꽃을 낳는다
　　　　아침이면
　　　　어둠은 온갖 물상을 되돌려주지만
　　　　스스로는 땅에 굴복한다
　　　　무거운 어깨를 털고

물상들은 몸을 움직여
노동의 시간을 즐기고 있다
즐거운 지상의 잔치에
금으로 타는 태양의 울림
아침이면,
세상은 개벽을 한다

― 박남수 「아침 이미지」 전문

　보통 사람들이 아침을 생각하면 '날이 밝는다'고 말할 수 있습니다. 그런데 박남수 시인은 "어둠이 새를 낳고 돌을 낳고 꽃을 낳는다"고 말했습니다. 그러면서 "어둠은 가져갔던 온갖 물상을 되돌려 주면서 땅에 스스로 굴복한다"고 말하고 있습니다. 어둠이 "무거운 어깨를 털고 / 물상들을 움직여 / 노동의 시간을 즐기고 있다"고 말합니다. 어둠의 어깨가 무거운 것이 보입니까? 그런데 시인은 어둠이 무거운 어깨를 털고 있다고 말합니다. 어둠이 무엇을 즐기겠습니까? 어떻게 물상을 움직이겠습니까? 어둠을 사람으로 의인화하고 관찰한 방법의 결과입니다. 박남수 시인은 아침에 관하여 오랜 시간 관찰하였을 것으로 생각됩니다. 관찰의 대상은 돌, 꽃, 새, 물, 물고기, 전봇대 등의 사물뿐만 아니라 어둠, 아침, 저녁 등의 추상명사와 '사과나무와 땅 사이의 허공', '누나와 동생 사이의 정신적 거리' 등도 관찰의 대상이 될 수 있습니다. 다음 시를 한 수 더 읽어보겠습니다.

이상하게도 내가 사는 데서는
새벽녘이면 산들이
학처럼 날개를 쭉 펴고 날아와서는
종일토록 먹도 않고 말도 않고 엎댔다가는
해질 무렵이면 기러기처럼 날아서
틀만 남겨놓고 먼 산속으로 간다

산은 날아도 새둥지나 꽃잎 하나 다치지 않고
짐승들의 굴속에서도
흙 한 줌 돌 한 개 들성거리지 않는다
새나 벌레나 짐승들이 놀랄까봐
지구처럼 부동(不動)의 자세로 떠간다
그럴 때면 새나 짐승들은
기분 좋게 엎대서
사람처럼 날아가는 꿈을 꾼다

산이 날 것을 미리 알고 사람들이 달아나면
언제나 사람보다 앞서 가다가도
고달프면 쉬란 듯이 정답게 서서
사람이 오기를 기다려 같이 간다

산은 양지바른 쪽에 사람을 묻고
높은 꼭대기에 신(神)을 뫼신다

산은 사람들과 친하고 싶어서
기슭을 끌고 마을에 들어오다가도
사람 사는 꼴이 어수선하면

달팽이처럼 대가리를 들고 슬슬 기어서
도로 험한 봉우리로 올라간다

산은 나무를 기르는 법으로
벼랑에 오르지 못하는 법으로
사람을 다스린다

산은 울적하면 솟아서 봉우리가 되고
물소리를 듣고 싶으면 내려와 깊은 계곡이 된다

산은 한 번 신경질을 되게 내야만
고산(高山)도 되고 명산(名山)도 된다

산은 언제나 기슭에 봄이 먼저 오지만
조금만 올라가면 여름이 머물고 있어서
한 기슭인데 두 계절을
사이좋게 지니고 산다

- 김광섭 「산」 전문

   시인들에게 있어 '아침'이나 '산'은 우리에게 가장 밀접한 관계를 가지고 살아가는 존재입니다. 일단 시인들에게 있어서 사물은 스스로 살아가야 합니다. 모든 것은 생명력이 있습니다. 보통 사람들은 사물을 '무생물이다, 생물이다' 두 가지로 나누지만 시인에게 있어 무생물이란 없습니다. '의자'가 온전한 의자로 존재할 때는 사람을 앉혀 휴식을 주지만 의자로써 생명을 다할 때는 화목으로 사람에게 온기를 전해줍니다. 또 불타고 나면 재가 되어서 농작물이나 식물에게 거름이 되어주지요. 그러므로 모든 사물은 죽어있다고 말할 수 없습니다. 10년 전쯤 작고하신 성찬경 시인은 응암동에 사시면서 자기 집 정원에 '물질고아원'이라는 문패를 붙여놓고 고장난 자전거, 고장난 TV, 못쓰게 된 헬멧 등 모든 잡동사니를 눈에 보이는 대로 주워다 적절하게 배열해놓고 생명을 주었습니다. 삽이 기능을 할 때는 땅을 파는 도구로만 존재하지만, 성찬경 시인은 자루가 부러지고 날이 부러진 삽에 눈 코 입을 그려 넣은 뒤 서재 벽에 걸어두고 대화 상대로서의 삽이란 사람을 탄생시켰습니다. 망가진 TV의 브라운관을 떼어놓고 그대로 두니까 그 뒤로 앵두가 탐스럽게 익어갔습니다. 그때 성찬경 시인은 앵두가 TV 뒤로 비치는 것을 보면서 실시간 TV라고 말하더군요. 그처럼 모든 사물은 살아있고 살아 움직이고 있습니다. '아침'이나 '산'은 스스로 살아 움직여야 합니다. 김광섭 시인은 「성북동 비둘기」라는 시로 유명하신 작고 시인이십니다. 여기 이 시 「산」에서 김광섭 시인은 "산은 사람들과 친하고 싶어서 / 기슭을 끌고 마을에 들어오다가도 / 사람 사는 꼴이 어수선하면 / 달팽이처럼 대가리를 들고 슬슬 기어서 / 도로 험한 봉우리로 올라간다."고 했습니다. 이 부분은 관찰과 상상으로 이루어진 시입니다. 시에 있어 관찰은 매우 중요한 부분을 차지합니다. 제가 이미 강의한 바 있는 김기택 시인의 시 「닭」을 한 번 더 읽어보겠습니다. 이 시는 관찰시의 백미라고 할 수 있습니다.

　　힘이 세다는 것은 얼마나 슬픈 동작인가
　　목 잘리지 않으려고, 털 뽑히지 않으려고

닭발들은 온 힘으로 버틴다 닭집 주인의 혼을 할퀴며
닭장 더러운 나뭇바닥을 하얗게 긁으며,
바위처럼 움직임이 없는 고요한 손아귀 끝에서
그러나 허공은 닭발보다도 힘이 세다

모든 움직임이 극도로 절제된 손으로
닭집 주인은 탱탱하고 완강한 목숨을 누른다
짧은 시간 속에 들어 있는 길고 느린 동작
힘의 극치에서 힘껏 공기를 붙잡고 푸르르 떠는 다리
팔뚝의 푸른 핏줄을 흔들며 퍼져나가는 은은한 울림

흰 깃털들이 뽑혀져 나간 붉은 피가 쏟아져 나간
닭의 체온은 놀랍게도 따뜻하다
아직도 삶을 움켜쥐고 있는 닭발 안에서
빳빳하게 굳어져 있는 공기 한 줌
떨어져 나가는 목숨을 붙잡으려 근육으로 모였던 힘은
여전히 힘줄을 잡아당긴 채 정지해 있다
힘이 세다는 것은 얼마나 슬픈 동작인가

— 김기택 「닭」 전문

    닭집 주인이 닭을 잡고 있습니다. 요즘에는 닭을 길러서 직접 잡아먹는 경우가 드물지만 얼마 전까지만 하더라도 닭집에서도 직접 주인이 닭 모가지를 비틀어 털 뽑는 기계에 한 번 돌린 뒤에 잡아주던 시절이 있었습니다. 김기택 시인은 닭을 잡는 주인과 죽지 않으려고 버티는 닭의 입장을 번갈아 관찰하고 있습니다. 그리고 죽은 닭발과 허공 사이에 대한 관찰, 닭의 체온과 죽음 사이에 대하여 세심히 관찰을 취하고 싶은 부분만 절묘하게 취해서 시로 승화하고 있지요. 이처럼 관찰은 시에 있어서 대단한 위치를 차지합니다. 관찰하는 방법에는 여러 가지가 있습니다. 우선 입장을 바꿔 놓고 관찰하는 방법이 있을 수 있겠지요. 또 다른 방법으로는 망원경으로 보거나, 졸보기로 보는 관찰, 찢어보거나 깨뜨려 보는 관찰, 늘려보거나 뭉쳐보는 관찰이 있겠지요. 많은 사람들이 눈이 오면 눈사람을 굴리거나 눈을 뭉쳐 던지며 눈싸움을 합니다. 그런데 그 눈들이 뭉쳐지는 손가락과 손바닥 사이에서의 관찰, 손바닥 지문을 남겼다고 이내 완전범죄를 위하여 지문을 녹여 지워버리거나 육각을 뭉친 것이 둥글다는 결론은 아무도 도달하지 못한 것으로 압니다. 이때 중요한 것이 있다면 관찰은 정말 직접 만져보고 날을 새며 관찰해야지 방에 앉아서 생각만으로 관찰해서는 안 된다는 겁니다. 김기택 시인이 「닭」이라는 시를 쓰면서 직접 닭을 잡거나 닭집에 가서 닭 잡는 모습을 가만히 들여다본 것은 아닐 테지만 김기택 시인은 이미 닭을 잡아본 경험이 있거나 닭 잡는 것을 본 경험이 있기 때문에 그렇게 사실적으로 묘사할 수 있었던 것입니다. 따라서 관찰심상법을 잘 구사하려면 사실적인 관찰과 심리관찰로 나누어 관찰해야 합니다. 일단 사실적인 관찰을 세심하고도 여러 가지 방법을 해내고, 그 뒤에 심리관찰을 해내서 성찰이나 묘사로 이끌어내면 좋은 시가 될 수 있지요.

    아이가 그린 이불 위의 지도
    언젠가 자연스레 멈출 거라는 기대가 있어 견딜 만했다

재건축조합이 설립되고 애면글면 십 년 넘게 기다리는 동안
비와 세월이 합세하더니
가본 적도 알 수도 없는 나라의 지도를 내 눈앞에 턱 턱 턱 내건다
날 보고 어쩌라구
히죽거리며
천장에서 벽으로 벽에서 방바닥으로
폭력 아닌 폭력을 행사할 때
돈으로 막아야 멈출 수 있다는 본성을 알기에
걱정이 그 위에 도배지를 바르지만
얼마 못 버틸 거란 건 불 보듯 훤하다
비 오는 날은 방안에서 이 궁리 저 궁리
뒤늦게 독도법 공부에 열중이다
저 지도 중에서 내가 새롭게 안주할 집은
어디쯤에 있는 건가

— 이훈자 「독도법(讀圖法)을 익히다」 전문, 시집 『독도법을 익히다』 (문학공원)

이 시는 관찰심상법에 의해 쓰여진 시입니다. 이훈자 시인은 재건축을 앞두고 허름한 집에서 지난 20여 년 동안 견디며 살아왔습니다. 재건축이 될 줄 알기에 집에 큰돈을 들여 수리할 수도 없고, 재건축이 되면 목돈을 벌 수도 있을 것 같아 울며 겨자 먹기로 살고 있었을 겁니다. 그녀의 말처럼 "재건축조합이 설립되고 애면글면 십 년 넘게 기다리는 동안" 벽에는 물기가 기어올라 비가 그치면 "가본 적도 알 수도 없는 나라의 지도를 내 눈앞에 턱 턱 턱 내건" 삶 앞에서 푸시킨이 "삶이 그대를 속일지라도 슬퍼하거나 노하지 말라"고

했지만 슬퍼했을 노했을 겁니다. 이놈의 노릇을 언제까지 해야 하나, 이놈의 구차한 삶을 때려 치고 이사를 나갈 날이 언제인가를 한탄했을 겁니다. 그러나 그녀에게 현실은 그리 녹록지 않았을 겁니다. 비가 새는 지붕에 큰돈을 들여 방수해야 하는 걸 알고 있지만, "비 오는 날은 방안에서 이 궁리 저 궁리"하며 "뒤늦게 독도법 공부에 열중"했을 것입니다. 길을 잘 찾아가려면 지도를 보아야 합니다. 우리는 지하철을 탈 때 스마트폰을 열어 출발지와 목적지를 검색합니다. 그러면 도착시간과 갈아타야할 역까지 정확하게 안내해줍니다. 이훈자 시인이 살던 집은 비가 새 새겨진 벽의 지도가 그려졌던 모양입니다. 그 지도를 아주 오랫동안 살펴보는 동안 그녀는 그 지도가 보물지도였음을 깨닫고 어떻게 살아야 하나, 어떤 집을 얻어야 하나, '이 궁리 저 궁리'하며 관찰을 통해 결국 행복이라는 보물을 찾아낸 것입니다.

　　대중탕 욕조에 풍덩 잠겨서
　　숲들이 걸어 다니는 풍경을 본다
　　숲은 기이하게도 하나 같이 삼각형이다
　　잉태와 출산의 본분으로 성스러울 저,
　　저 신비로 채워진 위대한 숲 그 위로
　　멋대로 발달한 우주 같은 구릉
　　이브의 원죄를 씻듯
　　쏴아 쏴 진지한 사포질을 보면
　　도덕을 밟고 서는 맹랑한 숲은 없어 보인다
　　세상을 뒤흔드는 사특한 바람 일으켜
　　원초적 음모로 세상을 휘젓고

> 권력과 부를 빨아들이는 블랙홀의 주인
> 그 존재에 대해서 궁금해할 필요는 없다
> 보통의 숲처럼 세모났으되 다만
> 애초엔 물방울처럼 유순했을 둥근 사랑에
> 걸핏하면 질리게 날 세우고
> 기름 부어 은밀한 불길 치솟게 하는,
> 그 도도한 무기를
> 능력의 잣대로 삼는 것이 다를 뿐
> 일그러진 사랑이기 일쑤인 삼각구도의 연관성
> 근원적 모양이 그러했던 것이다

- 정소진 「삼각관계의 원천」 전문, 시집 『달관한 시지프스』 (문학공원

 정소진 시인은 지극히 여성스런 시인이지만, 그녀가 바라보는 시각은 지극히 문제적이며 반항적입니다. 감히 보통 여자라면 건드리지 못할 이브의 숲을 거론하면서도 당당합니다. 관찰시의 백미라고 할 수 있습니다. 자신을 포함한 많은 여자들이 목욕탕에 앉아서 사포질을 하면서 때를 밀고 있는 상황을 관찰해내고 있습니다. 삼각관계의 원천인 여인의 숲에서 그녀는 아담과 이브가 이 땅에 온 이후 여인들의 원죄를 읽습니다. "도덕을 밟고 서는 맹랑한 숲은 없어 보인다"고 하는 그녀의 말은, 법 앞에서 주먹이 우선하듯, 사랑은 법 앞에 우선한다는 숭고한 진리로도 들립니다. 그리고 모든 사랑은 아름답다고도 들립니다. 근본적으로 사람이 사람을 사랑한다는 것은 죄가 될 수 없습니다. 법으로 너는 이 사람만을 사랑해야 한다고 가족관계등록부에 못 박아 놓았지만, 그래서 그걸 어기는 사람을 부정하다고 손가락질하지만, 인간의 가슴속에는 누구나 한번쯤 아름다운

사랑을 하고 싶은 것입니다. 그러므로 삼각의 숲을 지니고 있는 여성들은 모든 삼각관계가 나로부터 원천적으로 시작된다는 논리에 타당성이 있어 보입니다. 아무튼, 여성 자신의 몸을 관찰하여 이 더티한 세상을 꼬집는 정소진 시인은 어쩌면 여성인권운동가의 기질을 지녔다고 할 수 있습니다. 꼭 피켓을 들고 청와대나 국회 앞에 가서 시위를 해야만 운동은 아닙니다. 나의 논리를 보다 정연화하고 객관화해서 그렇게 살면 안 된다고 이렇게 시 속에 주장하는 것 또한 올바른 사회를 만드는 그 어떤 시민모임의 운동가들보다 더 활동적입니다.

    임플란트 시술 중 문득
    우리말 글의 원리가 떠오른다

    천지(天地)에서 발원하여
    인(人)으로 세상을 얻으니
    자연의 원리 따라
    안으로 합수하는 아홉 강
    둑에는 하얀 수목들
    뿌리마다 솟는 감각의 샘
    창조와 변화로 흘러들어
    소통의 길을 내고 장부를 다스리니
    책무가 무겁기만 하다

    발현되는 근원 따라
    아설순치후(牙舌脣齒喉) 본을 떠서
    닮은꼴이 세심하니

점 하나 획 하나에도
자욱이 떨려오는 울림
자모의 장엄한 화음
어쩌다 실없는 발설에는
화복을 부르기도 하지만
천지(天地人) 더불어 품은 제자(制字)
무궁한 변화의 원리다

― 김재수「치과에서 문득」전문, 시집 『멸치에게 길을 묻다』(문학공원)

  농사짓고 물고기 잡는 분들을 폄하하는 말은 아니지만, 농사나 짓고 물고기나 잡을 듯한 시골 양반이 어찌 이런 시를 쓰셨을까요? 가히 무릎을 칠만한 시입니다. 국어국문학을 전공한 사람도 모르는 글을 쓰시니 놀라움을 금치 못하겠습니다. 더구나 세종대왕이나 한글이 나오는 책이나 드라마, 영화를 보다 생각난 것도 아니고, 치과에서 임플란트를 하러 갔다가 잇몸의 구조를 사진으로 보고 문득 생각난 시라고 하니 무릎을 칠 정도로 기발합니다. 한글에 있어 자음은 기본적으로 구강구조의 본을 떠 아설순치후(牙舌脣齒喉)의 음을 만들었고, 모음의 원리는 천天 즉 하늘의 둥근 모양을 본 따 만든 'ㆍ', 지(地) 즉 땅의 모양을 본 따 만든 'ㅡ', 그리고 인(人), 즉 사람의 모양을 본 따 만든 'ㅣ'으로 만들어져 있습니다. 자음 중에 아음(牙音)은 어금니 소리로 'ㄱ, ㅋ, ㄲ, ㆁ'이고, 설음은 혓소리로 'ㄴ, ㄷ, ㅌ, ㄸ'이고, 순음(脣音)은 입시울소리로 'ㅂ, ㅍ, ㅃ, ㅁ'이며, 치음(齒音)은 잇소리로 'ㄴ, ㄷ, ㅌ, ㄸ' 후음(喉音)은 'ㅎ'을 말합니다. 그런데 김재수 시인이 치과병원에서 임플란트를 하다가 구강구조를 관찰하며 이러한 한글의 제자원리를 생각하셨다니, 말로 천 냥 빚을 갚고 말로 세상을 얻을 수 있다는 말에 공감합니다.

　그러면 관찰심상법으로 쓰여진 제 시를 읽어가면서 공부해보기로 하겠습니다.

　　　그녀는 발레리나
　　　발을 상큼상큼 들면서
　　　옥상 공연장에서 공연을 시작한다
　　　산들은 관중으로 일제히 박수를 치고
　　　그녀는 어느새 새 단원을 고용했는지
　　　플라타너스 팔을 나부끼며
　　　'백조의 호수'를 공연하고 있다
　　　유난히도 고집이 세던 와이셔츠의 주인은
　　　간 쓸개를 모두 빼주고도
　　　그녀의 하얀 손에 조물조물 녹아
　　　낭창낭창 춤을 추고
　　　직장으로 거래처로 휘돌았을 바지는
　　　생업의 늪에서 잠시 발을 빼고
　　　운동장을 추억하는 아이의 체육복은
　　　만국기마냥 나부끼며
　　　우아한 백조의 호수엔
　　　햇살이 가득하게 출렁인다

　　　　　　　　　　　　　　　– 졸시 「빨래 너는 여자」 전문

복숭아나무는
소리를 엮어 꽃잎으로 내놓는다
촘촘히 나올 잎사귀를 온몸에 감추고
세상을 엿들어 꽃잎을 엮는다
두엄 실은 경운기 소리
아버지 목울대를 넘어가는 막걸리 소리
파밭 일벌들의 농요를 모아야
꽃잎이 된다
먼바다 바람 소리를 온몸에 휘감고
땅속으로 흐르는 물소리에 귀를 대고
한겨울을 견뎌야 꽃잎이 된다
할미새 봄의 의미를 온몸으로 느껴
모든 가지에 꽃을 내놓아 만개한다

판소리 적벽가 한마당 완창을 한다

- 졸시 「복숭아꽃」 전문, 서울 지하철 신당역 스크린도어 게재시

시월 열이렛날 오전 열 시, 지난 토요일 주문해놓았던 책봉투를 찾으러 간 을지로3가 인쇄골목 봉투집에서 싹둑싹둑 벼 베는 소리가 들린다 아직 벼를 베지 못했는지 딱딱 새를 쫓으며 가죽을 치는 코팅집, 치일칠 소달구지 굴러가는 소리로 들리는 도무송집, 어느새 쌀가마니 같은 종이를 한 무더기를 뚝딱 내놓는다

삼발이오토바이들은 쉴 새 없이 볏가마니를 져 나르고, 새참 이고 온 엄마 따라 막걸리 주전자 들고 나온 딸래미마냥 윈도우엔 어깨 드러낸

아가씨가 강아지풀에 메뚜기를 잡아 꿰었는지 밝게 웃고 있다

지금 을지로3가 인쇄골목은
풍성한 바슴마당이다

— 졸시 「을지로3가는 타작 중」 전문

오순도순 평온한 그 나라
가끔 바랭이족이나 민들레족도 보입니다
모화관에 들른 중국사신이거나
인도로부터 온 무역상들일 텐데
차양모자 쓴 공안요원들이
뾰족한 무기로 탄압합니다
조국의 독립 위해 사탕수수밭에서 일하던
하와이 이민 1세대들이나
스탈린에게 강제로 이주당한
중앙아시아 한인들처럼
말이 안 통한다고 힘이 없다고
무기를 사용해서 핍박하다니,
월드컵이라는 침략자들의 잔치
대낮같이 조명탄을 쏘아올리고
특수부대원을 침투시켜 탄압하더니
수만 관중 얼싸안고 춤을 춥니다
곡물 침탈에 학살까지 자행하는 그들
남의 민족을 짓밟고도 반성 없는 사람들
그들은 지금 일제강점기시대에 살고 있습니다

― 졸시 「잔디공화국」 전문

오랜만에 춘추복을 꺼내 입는다
여름내 그 더운 옷을 입고 장롱에 갇혀 있다가
쇄골뼈를 드러낸 그가 부끄러움도 모르는 채
서슴없이 물음표를 들이민다
목숨 걸고 기다린 그를 찾아줘 고맙다는 것일까
같은 옷을 입고 사는 형제애를 몰라봐 서운하다는 것일까

이거 뭐야, 이거 무엇으로 만들어진 거야
눈만 뜨면 물어대는 조카가 커서 박사가 되는 걸 보았다

지식인은 많이 알고 있는 사람이 아니라
질문이 많은 사람
어두운 세상을 무시로 견딘 그가
세상은 다리로 사는 것이 아니라
가슴으로 사는 것이라고 입을 벌리고 있다

― 졸시 「옷걸이」 전문

새로나식품 주인인 그는
콩나물 생머리를 늘어뜨리거나
상추 파마머리로
한 줌 더 줘라 조금 더 줘라

흐느적거리는 주머니를 부리고 있다
손님들은 늘 더 줘도 불만이고
주머니는 늘 밑지는 장사라며 푸념인데
앉은뱅이 갑부는
흔하디흔한 여행 한 번 못해본 채
정신일도하사불성, 좌정하고
화수분처럼 쏟아지는 생물들을
부처보다 정한 가부좌로
맞이하고 있다

— 졸시 「앉은뱅이저울」 전문

　지난 가을 산정호수에 갔습니다 물이 너무 맑아 얼마나 깊은지 보려고 묵직한 돌을 던졌습니다 호수는 물손을 하늘로 솟구치며 그 맛없는 돌을 꿀꺽 삼키더니 좋아라 큰 파장으로 웃더군요 어, 이놈들 봐라! 약이 올라 조약돌을 주워 모재비로 허리를 구부리고 던졌습니다 돌은 잡아먹히지 않으려고 통통통 달아나는데 녀석들 저마다 손을 내밀고

　그간 저는, 앞에 서는 것만 좋은 건지 알았는데 그게 아니더라구요 가장 오래 기다린 녀석이 붕어가 튀밥 낚아채듯 꿀꺽 삼키지 뭡니까 녀석들이 고구마 감자를 좋아하는 줄은 알았지만 수제비 좋아하는 줄은 몰랐네요 사람마다 화가 나서 던지고 장난삼아 던진 돌들을 군말 없이 받아먹은 녀석들

　아마도 호수엔 돌 먹는 녀석이 여럿 살고, 사이도 좋은가 봐요 절대로 남의 것을 뺏어먹으려 하지 않고 더 달라 조르지도 않네요 주면 주

는 대로 먹고 사는 녀석들이 좋아 사람들은 자꾸만 구경을 가지요

　나 살다 살다 무쇠 먹는 불가사리가 있다는 이야기는 들어봤어도 돌 먹는 녀석들이 있다는 말은 처음 들어봤네요 돌만 먹는 줄 알았더니 디저트로 낙엽샐러드도 먹던걸요 녀석들 세 계절을 그 단단한 돌들을 먹더니 유리창 닫고 겨울잠을 자네요 그거 소화시키려면 속앓이 꽤나 해야 할 걸요

　원래 남의 것 많이 먹으면 속이 좀 아프걸랑요
　히힛

－ 졸시 「돌 먹는 녀석들」 전문

깡마른 두 녀석
뚜벅뚜벅 발을 구르며 다가오고 있다
날카로운 콧등이 짭새 같다
하얗게 질린 이들은 스크럼을 짜고 있다
둘은 깻잎으로 밥알들을 포박해
구치소로 밀어넣는다
구치소는 무고한 이들을 잡아 가두는
둘의 폭력을 인정하지 못하고
딸꾹딸꾹 피기를 일으킨다
덩치 큰 김치총각도
그들의 협공에 속수무책인 모양이다
가끔 그들이 밥상을 두드리는 소리가
간수의 발자국소리 같다

시커먼 김 한 장에 멍석말이가 된 밥알들
쉰들러리스트는 삭제되었다

지금껏 그들에게 잡혀간 이들은
아무도 풀려나지 못했다

— 졸시 「젓가락」 전문

소양강댐에 돌을 던져보았다
물은 바퀴를 드러내며 엔진을 가동 중이었다
물 한 병을 사마셨는데
내 속에서는 질주본능이 인다
보트가 달리는 것은 물의 추력 때문
물은 엔진을 공회전하다가
목마른 풀이나 인간을 향하여
호스의 작은 통로를 견디거나
폭포에서 부서질 것을 무릅쓰고
단숨에 달려가고 있었던 것
물은 도로이거나 바퀴이더라도
푸르러야 하는 목표가 있다
내가 달려온 도로였다가
나를 실어 나르는 바퀴이듯이

— 졸시 「물의 바퀴」 전문

한적한 풀밭에서 똥을 누며 생각한다
온갖 음식물을 쓰레기처럼 몰아넣은 우리에게
오직 한 길만을 택하여 무릎 아래 굴복하는 그
양분을 모조리 바치고도 얌전히 물러나 앉는 그
우리를 이만큼 키워준 그에게 단 한 번이라도 감사한 적이 있었던가
청어가시 하나 그대로 보냄 없이 무르고 무르게 무릎을 꿇렸건만
우리는 구리디 구린 속을 열어
욕을 하지 침을 뱉지 피하려 하지
밟기 전까지 그가 먼저 바짓가랑이에 올려 붙은 적 있었던가
그가 언제 사람 나무란 적이 있었던가

그는 우리가 만들어낸 우리의 언어
함부로 대하지 마라
네 속에 나 있다

— 졸시 「똥을 누며」 전문

이른 아침 금강 강가로 내려가 강을 바라본다

 처음 세상이 열리고 강은 저 멀리 보이는 산처럼 흐르기 시작하였으리 산이 우리에게 군불을 넣어 따뜻이 안아준 것처럼 어미가 젖을 주듯 그렇게 풍만한 유방을 꺼내 우리를 먹였으리 단 한 번의 손찌검도 없이 우리를 키웠으리 그래도 우리는 젖을 빨면서도 머리통으로 어미의 젖을 들이받는 송아지처럼 앙탈을 부렸으리 아비의 핏물이 녹아든 줄도 모르고 풀빵구리에 쥐 드나들듯 드나들며 퍼가고 빨래를 하며 그 강에서 멱을 감았으리 혈관을 터 곡식을 키우고 그러면서도 고마움을 모르고 거

기에 뛰어들어 물고기 밥이 되고

　여보게 저 강을 강이라 부르지 말게 여느 강처럼 강이라 부르기엔 너무나 거룩해, 오 당신의 물길에 젖어드는 한반도의 오르가슴이여 저 강은 강이 아니라 그냥 흐르는 '걍'일세. 아파도 흐르고 즐거워도 흐르는 저 강을 좀 바라봐 수천억만 마리의 물고기와 플랑크톤처럼 차마 셀 수 없는 어느 잣대로도 깊이를 잴 수 없는 어느 바가지로도 퍼낼 수 없는 사연으로 궐기하며 덤벼드는 세월의 소용돌이를 애써 고요와 수평의 의지로 흐르지 않나 누에고치가 그 작은 몸짓으로 일곱 번의 잠을 설치며 비단실을 뽑아낸다는데 우리 한반도는 몇 번의 잠을 설쳤던가? 설친 잠의 수만큼 아름답기에 비단의 강[錦江]이라네 누에 한 마리가 천오백여 미터의 비단을 짜낸 것만큼 대대로 수억의 사람들에서 나온 수천억 갈래의 사연이 모여 이룬 비단의 강이라네 장수에서 발원하여 군산으로 흘러들도록 머리카락에서 발톱까지 시시콜콜[細細骨骨] 아우르며 '어화둥둥 내 사랑' 사랑가를 불러대는 비단의 강이라네

　강이 우는 걸 보았나? '그까짓 낚싯바늘 몇 개 드리우는 것쯤이야, 그까짓 오물 조금 떠내려 보내는 것쯤이야'라며 우리는 강을 이유 없이 해하지만 강은 그냥 웃지 아무 말 없이 바라보지 오히려 떡 하나 더 준다며 그네들의 농토에 물을 대주지 밤새 아우성치는 혼귀(魂鬼)들을 자중시키고 다독이며 자장가를 불러 재워놓고 새벽이 되면 머리에 지진이 날 것처럼 악이 받쳐 강은 소리 없이 울지 임진왜란을 동학농민운동을 일제강점기를 육이오를 견디며 얼마나 울었겠나 얼마나 악이 받치겠나 나는 이제야 그 차가운 강도 열을 받는 다는 걸 알았네 아, 너무나 약이 올라 피어오르는 저 안개 좀 봐 김이 퐁퐁 나네

　이른 아침 금강 강가로 내려가 강을 바라본다 저 백여 미터 넓이로

천리 길을 달려오면서 어느 자식 하나 어느 동생 하나 떨어뜨리지 않고
데리고 오는 포용! 말하지 않고 몸소 흐르며 자중하는 슬기! 그 많은 삶
의 소용돌이를 다독이며 유지하는 평정심! 부모에 대하여 스승에 대하
여 조국에 대하여 절대 거스르지 않는 거룩한 복종! 아, 눈물이 난다 오,
미천한 나의 눈물이여!

 이른 아침 금강가로 내려가 나는 처음으로 금강이 되어 흐른다 이제
부터 거역하지 않고 흐른다 유순한 양으로 주는 젖 받아먹으며

        - 졸시 「금강(錦江)이 되어 흐른다」 전문

제12강 상상심상법

제12강 상상심상법

　지금까지 우리는 인칭은유심상법과 묘사심상법, 성찰심상법, 관찰심상법 등에 대하여 배웠습니다. 묘사심상법은 말 그대로 말을 가지고 심상하는 방법이라고 말씀드린 것이 기억납니다. 성찰심상법은 우리가 기존에 배운 인칭은유심상법이나 묘사심상법을 사용하면서 성찰해내는 방법입니다. 관찰심상법은 시를 쓰면서 새, 돌, 나무, 의자 등의 객관적상관물에 대한 면밀하고도 대범한 관찰을 통해 시를 써나가는 방법입니다. 앞서 말씀드렸지만, 성찰이 시의 궁극적인 목적이라고 말씀드린 바 있습니다만 사실 어떤 게 더 중요하다고는 말씀드릴 수가 없습니다. 중요한 것은 방법이 중요한 것이 아니라 생각이니까요. 어떻게 상상해내느냐가 중요하다는 말씀을 드릴 수가 있겠습니다. 요즘 신춘문예의 경향 중에서 두드러진 것이 있다면 상상력에 관한 시들이 한 해에도 몇 편씩 당선의 영애를 안는다는 점입니다. 따라서 상상력 시는 현대시창작에 있어서 매우 중요한 부분을 차지한다고 하겠습니다.
　정호승 시인과 문정희 시인이 신춘문예 심사평에서 "신춘문예는 현대시의 미래이기 때문에 신선해야 한다."고 말한 것을 읽은 적이 있습니다. 일단 남이 썼던 소재나 제목은 당선권에서 멀어진다고 생각하면 됩니다. 그리고 남이 했던 방법도 메이저신문에서 당선한다는 것은 어려운 일이라는 것을 미리 밝혀두고자 합니다. 따라서 우리들은 4차원적인 상상을 해야 합니다. 1차원은 점 또는 선의 세계입니다. 어느 한 지점을 가리킨다고 할 수 있습니다. 2차원은 평면의 세계. 3차원은 지금처럼 입체이고요, 4차원은 시간을 바꿀 수 있는 세계입니다. 다시 말하면 4차원 세계는 시간과 공간을 넘나드는 상상의 세계입니다. 영화에서 사람을 냉동시켜놨다가 2,000년 후에 살게 한다든지, 얼마 전 TV에서 방영되었던 성유리가 나오는 드라마, 신라시대 사람이 지금에 와서 함께 사는 것 같은 상상이지요. 사람이 나무속으로 들어가고, 나무가 걸어 나와 말을 하고, 새가 그림을 그리고, 뭐 그런 상상이 4차원적인 상상이라 할 수 있지요.

오늘은 이러한 상상력에 의한 상상심상법을 공부해보기로 하겠습니다. 사람이 하는 상상은 모두 이루어집니다. 어린 에디슨은 계란을 깔고 앉아서 부화하려고 시도하였습니다. 결국에는 부화기를 발명해냈지요. 밤에도 대낮처럼 환하게 살면 얼마나 좋을까 하는 상상을 하다가 전구를 발명했고요. 라이트 형제는 하늘을 날아갈 수 없을까를 상상하여 비행기를 발명하였고, 핸목이란 영국사람이 사람을 실어 나를 목적으로 증기기관 버스를 만들었지요. 얼굴을 물에 비추어 보다가 거울을 발명했고, 늙기 전에 모습을 오래오래 남길 수 없을까 하다가 사진이 발명되고, 비디오가 발명되었으며 남의 인생을 대신 살아보는 개념이 소설을 바탕으로 한 영화나 드라마가 된 겁니다. 그러니 시적인 상상이 얼마나 중요한 것인가는 피부에 와 닿는 개념이지요.

시는 직설화법을 좋아하지 않습니다. 많은 사람들이 물음 자체를 직설화법으로 늘어놓으며 그에 대한 대답 또한 무슨 명제를 던지듯 확고한 대답을 써놓으며 시라고 말합니다. 이를테면 "생활이 그대를 속일지라도 슬퍼하거나 노하지 말라"는 식이지요. 그것은 격언입니다. 시는 격언이나 명언을 말하지 않고도 오랫동안 사람들의 가슴속에서 살아왔습니다. 그 이유는 무엇일까요? 시가 딱따구리의 언어를 사용하기 때문입니다. 듣기 싫은데 자꾸 해대는 잔소리 같은 말이 아니라, 듣고 싶어서 일부러 찾아가야 들을 수 있는 말을 사용하기 때문입니다. 시는 독자에게 스스로 다가가지 않습니다. 독자가 시를 선택하는 것입니다. 그러므로 시는 내 발로 찾아가 듣고 싶은 언어를 말해야 합니다. '부모에게 효도해라. 나라에 충성해라. 서로 사랑해라' 같은 냄새 나는 언어가 아니라 미소가 지어지는 언어, 일부러 찾아가 듣고 싶은 언어, 책방에 가서 고르는 언어입니다. 시는 인간의 상상력을 키우는데 매우 중요한 역할을 합니다. 그래서 상상할 수 있는 폭이 증폭된 시의 언어를 사용할 수 있다는 것은 우리 시인들에게는 매우 큰 자산입니다. 베르니스(Jeanne Benis)는 그의 저서 『상상력 서설』에서 '시를 창조하는 정신적 능력으로서의 상상력을 정의'하고, 그 결과를 '감각적 재생물과 환상적 창조물로 나누어 설명'한 바 있는데, 베르그송(Henri Bergson)은 "시인은 이미지를 통해 가정과 사고를 키운다."고 했습니다. 모두 상상력을 강조한 말입니다.

상상력은 예술가들의 산물입니다. 발명가의 상상력은 어떤 물체를 발명하면 그곳에서 끝나지만, 예술가들의 상상은 무궁무진하며 더 나아가 우리에게 희망을 줍니다. 피카소가 코와 입을 교차로 그렸거나, 살바드로 달리가 시계를 나뭇가지에 걸쳐놓은 것, 르네 마그리트가 구름을 컵에 담은 것 등은 우리 시인에게 시사하는 바가 큽니다. 다음 시를 읽으면서 상상심상법을 공부해보기로 하겠습니다.

    그는 입 안에 송곳니가 점점 커지고 있는 것을 느꼈다. 두 발로 걷는 것이 불편할 때도 있어 혼자 있을 때 네 발로 걸어도 보았다. 야생은 그의 직업이 되었고 조련은 가늘고 긴 권력이 되었다.

    모든 권력은 손으로 옮겨갈 때 가벼워진다. 눈치를 보는 것들의 눈빛은 언제나 심장을 겨냥하는 법. 다만 두려운 것은 손에 들려 있는 권력일 뿐이니까.

    조련사 K. 그는 아침마다 동물원을 한 바퀴씩 도는 순방을 한다. 금빛 은행잎이 K의 머리 위에 왕관처럼 씌워진다. 철조망에 갇힌 초원이 펼쳐져 있다. K는 손을 흔들거나 휘파람을 분다. 잠자던 맹수가 눈을 뜨더니 달려온다. 무릎을 꿇는다.

    K는 맹수의 꼬리를 목에 두르고 맹수코트를 걸치고 곤봉을 휘두르는 자신을 상상하곤 한다.

    어느 날부터인가 K의 얼굴에 구레나룻이 생기고 몸에 털이 자라고 손톱은 길어졌다. 모든 모의는 자신도 모르는 사이에 생긴다. 말 안 듣는 맹수에게 먹이를 주지 않고 채찍을 휘두르며 맹수보다 더 맹수처럼 사나워져 갔다.

얼마 전 야생의 모의가 철조망을 빠져나갔다. 그 후 K의 통장으로 감봉된 월급이 들어왔다. K는 자기 목을 조르는 조련사가 있다는 것을 처음으로 느꼈다. 머리카락이 빠지고 몸에 털이 빠지고 손톱이 빠졌다.

조련으로 청춘을 보낸 K는 결국, 야생을 놓치고 말았다.

새로운 조련사들이 들어오고 그들은 맹수들과 더 빨리 친해졌다. 동경하던 야생은 저쪽에서 어슬렁거렸다. 이빨 빠진 맹수 한 마리가 다른 맹수 눈치를 보며 어슬렁거렸고 금빛 왕관은 가을 저쪽으로 다 날아가 버렸다. 얼마간 퇴직금의 조련을 받는 힘없는 맹수가 되어 있었다.

― 한명원 「조련사 K」, 2012년 《조선일보》 신춘문예 당선작, 시집 『거절하는 몇 가지 방법』(실천문학)

이 시는 한명원 시인의 2012년 《조선일보》 신춘문예 당선작입니다. 이 시에서 주목할 점은 크게 두 가지입니다. 한 가지는 관찰심상법의 관점입니다. 한명원 시인은 이 시를 쓰기 위하여 서울대공원을 수십 번이나 갔다고 합니다. 그리고 맹수를 기르는 조련사 K가 어떤 일을 하는지, 맹수들에 대하여 어떻게 접근하는지, 맹수의 우리는 어떤 상황인지, 맹수들은 어떤 습성을 지녔는지 등을 매우 오랫동안 지켜보았다고 합니다. 그리고 한명원 시인은 '만약'이라는 조건을 걸고 상상을 더해 갑니다. 만약 조련사 K에게 맹수가 달려든다면, 만약 맹수가 우리에서 튀어나온다면, 만약 계속해서 이렇게 무서운 맹수를 대한다면, 만약 조련사 K가 이런 직장에서 늙게 된다면 같은

'만약'이라는 조건을 걸고 상상을 계속합니다. 그리고 맹수를 조련하다가 주눅이 들어 남자의 야생성을 잃는 것을 상상해보고, 결국 맹수를 길들이는 것이 아니라, 조련사 K가 맹수들에게 길들여진다는 걸 알아냅니다. 어떤 시인이 죽음을 경험하기 위해서 공동묘지에 가서 혼자 사흘 밤을 잤다는 이야기를 들었을 때 저는 "시가 거져 쓰이는 것이 아니구나."라고 생각했습니다. 한명원 시인이 과천에 있는 서울대공원에 수십 번이나 가서 마침내 이런 걸작을 써냈다는 것은 시를 공부하시는 여러분들에게 주어지는 메시지가 매우 크다고 하겠습니다.

다음 졸시를 더 읽어보겠습니다.

그녀와 나는 트리니다드 토바고로 여행을 간 적 있다
한 해변을 걷고 있을 때 우연히 바닷가에서 작은 병 하나를 발견했다
호기심이 발동하여 코르크 마개를 빼려 했으나 잘 빠지지 않았다
그래서 병을 깨뜨렸더니 무슨 기체가 터져 나오며 우리를 몽롱하게 만들었다
그녀는 어느새 수백 년 전의 여왕이 되어 내 앞에 서 있었고
수많은 말과 병사들을 이끌고 마을을 순찰 중이라고 했다
그녀는 여자 병사를 시켜 나를 꿇어앉혔다
가죽 헝겊으로 아랫도리를 두른 나는 그녀 앞에 머리를 조아렸다
무얼 하는 사람이냐?
네, 시를 쓰는 사람이옵니다
내가 쓴 시 한 편을 들려주었더니
여왕은 시라는 것을 이해하지 못하고 주술사 취급을 하였다

그래서 나는 육의 세계와 다른 영의 세계가 있노라 말씀드렸다
여왕은 나를 궁전으로 데려갔다
그곳은 보화들로 넘쳐났으며 남자라고는 아무도 없는 금욕의 국가였다
여왕은 내게 영적 세계에 대하여 끊임없이 물었고
성욕은 금욕의 대상이 아니옵니다, 우리가 참아야 할 것은 물질욕이옵니다 라면서
나는 날마다 시를 지어 올렸다
차츰 여왕은 보화에 시들해지기 시작했고 시를 이해하게 되자
만도린과 탱고의 춤 대신 시 읊는 소리가 궁전에 넘쳐났다

결국 나는 그녀의 왕국을 넘겨받아
금은보화나 총칼이 필요 없고,
시를 읊는 사람들의 숫자나 완성도에 따라
영토가 확장되거나 줄어드는 詩의 제국을 건설했다
지금도 시(詩)나라 어린이들은 얼른 어른이 되고 싶은 것처럼
시인이 되고 싶은 것이 누구나의 꿈이며
밥 먹기 전 시를 읊으면 반찬 없이도 밥이 맛있거나
힘이 세진다고 믿는다

― 졸시 「카리브해로의 상상」 전문

허공에 대고 셔터를 누릅니다 파아란 단색으로만 나올 것이라는 생각은 보기 좋게 무너지고 말았습니다 디카를 열어보니 잠자리의 꼬리 하나가 가장자리에 찍혀있습니다 잠자리 꼬리는 파란 부채의 손잡이였습니다 잠자리가 그 큰 부채를 흔들어 바람을 일으키고 있었던 겁니다 사람의 영역을 벗어나려고 자주 푸드덕거리던 그의 날개는 이제 나의 날개가

되었습니다 나도 빈 날개를 푸드덕거리면 잠자리의 하늘을 날 수 있다는 생각을 합니다

　잠자리의 하늘은 내 하늘보다 넓습니다 나는 비행기를 타고 날아가 봤기 때문에 하늘이 넓다는 막연한 생각과 떨어질 수도 있다는 생각으로 내 하늘이 가득 차 있지만 잠자리의 하늘은 한 번 떨어져보거나 못 날아간 가을을 알지 못합니다 그래서 잠자리는 잠자리에 들 때까지 날개로 하늘을 걷습니다 마치 내가 하루 종일 땅 위를 걷는 것처럼 말이에요

　카메라에 잡힌 잠자리 꼬리가 내 꼬리인가 생각해보았습니다 나는 애초에 꼬리 감춘 여우였습니다 갖가지 교태와 허상 속에서 진화를 거듭해 없어진 내 꼬리는 때로 쥐꼬리만한 봉급봉투로 나타나기도 하고 아이 선생님께 드릴 촌지로 나타나기도 합니다만 나는 그간 잠자리꼬리를 달고 여우짓을 했던 겁니다 때문에 하늘을 마음껏 날고 싶은 욕망은 여지없이 무너졌고 이간질이나 고자질을 주업으로 삼았었지요 그러다보니 내 눈은 잠자리눈망울처럼 불쑥 튀어나왔습니다

　엉덩이의 꼬리뼈가 가렵습니다 하루 종일 의자에 앉아서 말꼬리를 붙잡고 늘어지다 보니 내 꼬리가 뭉퉁 잘려나가고 말았습니다 꼬리에 꼬리 무는 생각을 가지고 사무실이란 꼬리를 떼고 퇴근이란 꼬리를 물어봅니다 꼬리에 꼬리를 무는 지하철에서 나와 꼬리에 꼬리를 무는 차량들 틈에 버스로 환승했습니다 꼬리들은 서로 꼬이거나 풀리면서 거대한 꼬리로 진화합니다 세상 모든 것은 진화합니다 구름은 아주 빨리 진화해서 자신이 무엇인지 모릅니다 뭉게구름이었다가 새털구름이었다가 먹구름이었다가 비가 되거나 제 존재를 잊어버린 청명한 날이 되기도 하지요 나도 그럴 것 같습니다 아들이었다가 남자였다가 아빠였다가 할아버지로 진화해가는 것 말고도 촌닭이었다가 고양이였다가 멍에를 멘 소였다

가 이젠 도시의 밤을 헤매는 너구리입니다

　방문을 덜 닫고 들어갔더니 아내가 말합니다 이젠 제법 바람이 차요, 그 꼬리 좀 떼고 들어와요 지엄하신 말씀이지만, 그냥 꼬리를 붙인 채 살렵니다 내 꼬리가 얼마나 많은데 그 많은 꼬리를 떼겠어요

— 졸시 「꼬리論」

　어제 내 양 옆자리는 어머니와 여동생이 앉아 있었고 오늘 내 양 옆자리에는 남동생과 조카가 앉아있다 이리 오세요 3호선 종로3가역에서 할머니를 부축하고 계단을 올라간다 막노동이라도 해먹으려고 일찍 서울로 올라온 작은아버지와 사촌들이 앞서서 간다 갈아 탄 신설동행 1호선 열차엔 100여 명쯤 되는 친척들이 서로에 대하여 꿈속에서처럼 무심하다 아들과 사위, 시누와 올케는 각자 부모를 누가 모실 것인가에 대하여 덜컹거린다 이모와 삼촌과 당숙들은 저마다의 아이의 결혼과 며느리의 매정함에 대하여 자주 정차한다 이민 갔다 되돌아온 짙은 선글라스의 당고모는 내가 반딧불이를 한 병이나 잡아준 것을 까맣게 잊었는지 캘리포니아 자랑을 칸과 칸 사이 이음새처럼 늘어놓고 있다 삼당숙 어른이 처삼촌처럼 내 앞에 와서 섰다 이리 앉으세요, 나는 냉큼 자리를 양보해드리고 사돈의 팔촌처럼 서서 간다

　지하철역에서 나와 풍물시장 쪽 사무실로 향해 걷는다 마사회와 풍물시장은 언제 사돈을 맺었는지 오가는 거리가 끈적하다 아버지를 꾀어 돈을 빌려간 외사촌 제수씨를 길에서 만났다 나는 노름공화국의 언어를 몰라 인사를 나누지 못하고 꺾기나라에 고맙습니다람쥐 안녕하십니까마귀 어서오세요들레이가 유행하듯 한심합니다람쥐 불쌍하면부처님 미쳤으니

솔쳐 그런 외톨공화국 언어들을 혼잣말로 건네며 발걸음을 진행한다 수염을 기른 외할아버지께서 하얀 모시적삼을 입고 저만치 오신다 풍물시장에서 독거노인으로 살고 있는 숯다리미, 풍금, 나팔유성기와 친구란다 눈이 움푹 패인 외할아버지는 새들의 나라로 이사하신지 오래다 부엉이네집과 올빼미네집 근처에 사신다 꼭 한 번은 찾아가 뵈어야 할 것 같아 끼룩끼룩하고 여름 새의 언어로 인사드리곤 등잔불 심지를 돋운다거나 밥 먹는데 떠든다고 대나무 곰방대로 때릴까봐 나는 황급히 외할아버지를 피해 사무실로 들어왔다

우리나라는 일의 나라다 밥을 시켰는데 모두 일감으로 만들어져 있다 연변에서 노총각 동생에게 시집온 제수씨가 밥 배달을 왔다 파밭에서 김을 매다 파김치 된 엄마와 시금치밭에서 시금치를 묶다 시금치처럼 늘어진 처남의 댁이 함께 올라와 있다 보험세일을 전전하다 노래방을 때려친 여동생이 만든 반찬이다 6.25 때 실종된 큰아버지가 잡아 보낸 새우젓이 간간하다 그릇공장에 다니며 박봉에도 아이들 잘 기른 처형이 만든 민무늬 접시는 정말 처형만큼 예쁘다 뒷둔지에 심은 벼의 소출이 작년보다 절반이나 줄었다고 끌탕하신 아버지의 밥이 남의 논을 부치는 게 났지 종손의 논은 치사해서 못 부치겠다고 이십 년 째 와글와글하다 공고 나와 포장회사에 들어간 동생이 만든 플라스틱에 병에 중학교만 나와 생수공장에 다니는 동생의 물을 마시곤 끄윽, 트림을 하고 소파에 기대 낮잠이 들었다 모두들 내 꿈을 열고 들어와서는

― 졸시 「친척 이야기」 전문

종로3가역, 죽음을 향해 여남은 계단을 내려갔다 지하에 큰 광장이 나왔다 죽은 사람들과 죽을 사람들, 죽기를 바라는 사람들과 죽고 싶지

않은 사람들이 뒤섞여 있다 1호선 계단을 지나 3호선 쪽으로 더 내려가려니 죽은 사람 여러 명이 천정과 벽이 되어 반긴다 5호선으로 통하는 길엔 단군왕검 시절 귀신과 백제 온조왕 시절 귀신, 임진왜란 때 귀신과 육이오동란 때 귀신들이 무협경험담을 군대이야기처럼 높이고 있다 양쪽에는 에스컬레이터가 설치되어 있었는데 어떤 귀신은 재미있어서 여러 번 되돌아오며 타기도 한다 가운데 이 잘 썩는 초콜릿과 살 잘 썩는 우유를 파는 가게에선 신문도 팔고 있다 칠레 강진으로 수백 명이 귀신이 되었다는 기사가 대문짝만하게 실려 있고 교통사고와 화재, 강도로 귀신이 되었다는 기사가 즐비하다

 곧 방화 행전동차가 도착하니 한 걸음 물러서달라는 방송을 한다 사람들은 달려오는 죽음을 향해 덤벼들고 죽음의 문이 열리자 앙드레지드의 좁은 문으로 섰던 줄을 무너뜨리고 들어간다 죽은 사람들이 선반과 기둥으로 매달려 있고 몇은 의자가 되어 엎드려 있다 나는 그 사람을 잡고 흔들렸으나 그 사람은 흔들리지 않고 갈비뼈만 남아 선반으로 누워 있다 어린 귀신이 장난을 하는지 빈 손잡이 몇 개가 흔들린다 전동차가 귀신들의 허락 없이 어둠을 죽음을 향해 달리고 있다

 날마다 귀신들은 우리의 안전을 위하여
 천정을 들거나 계단 받치기에 바쁘다

― 졸시 「귀신님 고맙습니다」 전문

어릴 적 화롯불에 넘어져 덴 아버지 등의 상처가
점차 굳어져 마침내 피부암 판정을 받았다

아주 오래도록 잠복한 원흉들의 음모는
아무도 의심치 않게 후미진 곳에서부터 시작되었다
매번 무력 침공하여 번번이 퇴각당한 그들은
차관을 제공하며 매우 우호적으로 접근하였다
좀처럼 자신들의 속내를 드러내지 않는 그들은
손톱으로 하여금 완장을 차게 했다
백혈구군을 창설한 그들은 적혈구군을 어용군대로 만들었다
그들은 식민지 확장을 위해 더 없이 악날해져갔다
그들의 뜻에 따라 자국은 기득권을 포기했다
중앙에 총독부가 세워졌다
모든 기관들은 식민지정책에 손발이 되어갔다
모국어를 말살시키고 자국어를 종용했다
산업은 피폐해지고 끊임없이 약탈이 자행되었다
그러나 광복을 위한 노력은 밤낮으로 계속되었다
조선을 발판으로 삼은 침략자들은
중국과 동남아마저 삼키려 혈안이 되고
비용비용 비용비용
엄청난 비용을 감내해야 하는 전쟁
아버지를 실은 앰뷸런스 급히 달렸다
주치의는 지체 없이 원자폭탄을 투하했다
마침내 천황이 백기를 들었다

— 졸시 「아버지의 광복절」 전문

백령도 콩돌해수욕장
한 남자, 콩돌 하나를 주워들었다

천 년 만에 그녀가 세상에 오르는 순간이다
여러 남자들, 콩돌을 부비고 있다
장사꾼들이 제물로 쓸 처녀를 사러왔나 보다
경비 몰래 주머니에 몇 알 집어넣고 배에 올랐다
이젠 팔려가는구나, 그녀는 자조했다
집에 돌아와 책상 위에 꺼내놓았다
장사꾼, 그녀의 몸값을 헤량하고 있다
너무 예쁘다며 딸아이가 가져갔다
시중 들 용궁의 시녀인 모양이다
선인장 화분 위에 올려놓았다
용왕님 앞 그녀의 자리는 가시방석 같다
엄마는 화분을 베란다에 옮겨놓았다
꽃들이, 네 이름이 뭐냐 어디서 왔느냐 묻는다
많은 시녀들이 그녀에게 관심을 보인다
그녀를 데려왔던 그 남자가 물뿌리개로 물을 뿌렸다
문득 비바람 불던 그날의 인당수가 떠오른다
꽃들이 무성해지고 그녀는 잘 보이지 않았다
그녀는 치마를 뒤집어쓰던 뱃머리에서처럼 고독히디
빨간 꽃을 피우자 TV 위에 올려진 선인장
TV는 시도 때도 없이 떠들어댄다
얼른 뛰어들라는 상인들의 목소리에 고막이 터질 것만 같다
어디선가 아버지 심학규의 목소리가 들리는 듯하다
꽃 진 선인장은 주차장 구석으로 옮겨졌다
선인장도 말라죽고 먼저 쫓겨났던 호접란도 말라죽었다
한동안 쓰려져 있던 그녀도 자신이 죽은 줄 알았다
남자는 선인장과 호접란, 또 다른 화분을 땅바닥에 쏟았다
그녀는 바다가 또 뒤집히거니 생각했다
스티로폼박스에 그 흙을 담고 물을 칠 홉 쯤 부었다

바다는 이내 잔잔해졌다
그 위에 각시연꽃을 띄웠다

　　　　　　　　　- 졸시 「심청이 환생하다」 전문

거미는 전생에 무사였을 것이다
무시무시한 검을 들고
적진을 향해 달려드는 포효가 들리는 듯하다
거미는 전생에 호랑이였을 것이다
하늘을 날 듯 집채 같은 바위를 뛰어넘으며
노루며 멧돼지를 사냥했을 것이다
제 몸에 호랑이무늬를 새긴 것을 보면 안다
거미는 전생에 목수였을 것이다
햇빛을 잘라 기둥으로 쓰며
하늘에 한 치 오차 없이 집을 짓는 걸 보면 안다
거미는 전생에 서커스단 단원이었을 것이다
그 측량할 수 없는 공중에서
조금의 두려움도 없이 거꾸로 내려오는 숙련된 곡예
그런데 거미가 그 많은 재주를 가지고도
어찌하여 숲에 숨어사는 신세가 되었을까
거미는 전생에 재산을 모두 탕진한 빚쟁이였을 런지 모른다
불한당처럼 평생 놀고먹는 팔자였던 그가
입에 거미줄을 치기 위해 잠도 설친 채
덫을 놓고 기다리는 걸 보면
어쩐지 측은한 생각이 든다

나도 글 하나 써 덫을 놓고 독자를 기다리는 중이니
어쩌면 나는 전생에 한 마리 거미였을 것이다

　　　　　　　　— 졸시 「거미에 관한 몇 가지 상상」 전문

숲을 간다
컵이 구름 아이스크림을 담고
파란 하늘 위에 둥실 떠 있는
숲을 간다
꾀꼬리들이 꾀꼴꾀꼴 소리전구를 켜고
발 아래 전류 흐르는 소리가 들린다
개복숭아 알전구가 우윳빛 불을 밝히고 있다
하늘을 찌를 듯 몰려선 잣나무 댐
저마다 발전기를 가동하느라 녹색으로 과열되어 있다
그곳에선 태양도 맥을 못추고 시동을 꺼뜨린다
숲을 간다
나는 감전되어 두 손을 치켜들면서
이 야 호, 비명을 지른다
앗따거, 쐐기가 팔뚝을 스치자
녹색전류에 감전된 팔뚝이 금방 부풀어 오르며 쓰리다
군데군데 전류가 방전된 나무 등걸이 나뒹굴고
단단한 바위들이 충전 중이다

　　　　　　　　— 졸시 「르네 마그리트의 숲」 전문

제13강 인유와 패러디

제13강 인유와 패러디

(1) 인유란 무엇인가

　인유란 고전이나 독립선언문, 훈민정음, 국민교육헌장 등 우리가 이미 알고 있는 사실을 차용하여 시를 쓰는 방법입니다. 따라서 춘향전이나 심청전, 용비어천가나 독립선언서 같은 문구를 현대적감각에 맞게 시에 이입해서 자신이 주장하고자 하는 바를 관철시켜내는 방법이라 할 수 있습니다.
　다음 이상국 시인의 두 편을 읽으면서 공부해보겠습니다.

　　　　동네 마트 건너 목도 시원찮은 골목에 진이(眞伊)가 장어집을 열었다
　　　　마릴린 먼로 파마를 하고 거기서 저녁마다 나그네들을 기다린다

　　　　이제 송도(松都)는 열 나라를 지나고도 못 가는 곳
　　　　그래서 그곳 사내들은 얼마나 귀엽고 애틋했던가

　　　　글줄이나 읽는다는 이 나라 선비들과 한량들 다 어디 가고
　　　　오백 년 조선의 여인이 장어를 굽다니,

차마 이별이 서러워 동여두었던 동짓달 기나긴 밤의 냉동 특허나
저 아름다운 시문(詩文)의 저작권은 누가 다 가져갔는지

올 때는 새파란 가르마 타고 뭇 사내들 꿈길로 왔으나
푸르고 붉은 누항(陋巷)의 불빛 서러워

불판을 뒤집으며 울고 있지는 않은지
골목을 오갈 때마다 나는 유리창을 넘겨다본다

– 이상국 「우리 동네 황진이」 전문

이 시는 단순히 '진이'라는 이름의 여자가 이상국 시인이 사는 동네에 장어집을 열었는데, 황진이 시의 느낌을 인유해 우리에게 공감을 주게 한 시입니다. "낭만주의와 모더니즘을 거치면서 표절은 절대적으로 금지된 범죄행위로 고정되었"는데 시인들은 "작품을 창작하는데 전통적인 문학의 소재나 문체, 양식 등을 빌려와서 자기 작품의 개성을 강화하려는 경우"가 생겨나고 이는 "전통을 인용하면서 자기 작품의 개성을 확보한다는 면에서 아이러니의 전략이 사용된 기법"[4]으로써의 '인유'가 현대시에서 자주 등장하게 됩니다. 이상국 시인 역시 이 시집에서 자주 인유의 시를 보여주면서 과거와 현재, 서양과 한국을 비교해 아이러니를 생산해냅니다. 이상국 시인이 이 시에서 보여준 인유는 그다지 많지 않습니다. 그러나 제목에서의 "황진이"나 "동짓달 기나긴 밤"이라는 짧은 인유만으로 장어집 그녀가 황진이의 분위기, 즉 시인 분위기라든지, 아니면 실내장식이 시화

---

[4] 김신정·오성호·유성호·오문석, 『현대시론』(방송대, 2015), 167쪽

를 걸어놓았거나, 시낭송을 할 수 있는 장소를 제공하는 등의 역할로 문인들의 발길을 잡고 있음을 암묵적으로 보여줍니다. 따라서 이상국 시인은 이 시에서 "송도(松都), 옛 나라, 글줄, 선비들, 한량들, 오백년 조선의 여인, 이별, 시문(詩文), 뭇 사내들, 누항(陋巷)의 불빛" 등의 고풍스런 시어들을 사용하여 황진이의 분위기를 띄우면서 인유를 완성해가고 있는 것입니다.

　　지난 밤 신라의 여자가 브래지어 속에 공화국의 지폐를 넣어주고 그녀의 탬버린에 맞춰 노래를 불렀다. 옛 달이 능 너머로 이울고 왕들은 주무시는데 노래를 너무 크게 부른 건 아닌지

　　나는 왜 나에게 그렇게밖에 못했는지

　　그때도 도성에 노래하는 여자가 있고 술 마시는 사내들이 있었으리. 자정이 넘어 노래방을 나와 곤하게 누운 황남동5) 능길을 걸었다. 노래는 덧없고 밤은 푸르다.

- 이상국 「푸른 밤」 전문

이 시는 작고한 가수 현인의 노래 「신라의 달밤」을 약간 인유하면서 신라시대의 사람들과 현대인들의 술문화에 대하여 꼬집은 시입니다. 아마도 이상국 시인은 신라의 고도 경주에서 문학행사를 하고 시인들과 더불어 노래방에 갔었나 봅니다. 이 시는 보통의 남자들이

---

5) 경주 고분마을

노래방에서 도우미를 불러 그녀의 가슴에 만 원짜리 지폐를 꽂아주고 노래를 부르며 놀고 있음을 고발합니다. 그리고 자신이 야심한 밤에 얼마나 큰 소리로 노래를 부르며 놀아서 능에 주무시고 있는 신라왕들의 비위를 건드렸는지, 그리고 왜 그렇게 놀았는지를 스스로 반성합니다. 현대를 살아가는 성인들이라면 누구나 한 번쯤은 경험해보았을 이야기인데 그런 데에 대한 반성입니다. 남자들은 가끔 노래방에 가서 도우미들을 불러 팁을 주며 놉니다. 그녀들의 가슴을 넘보고 엉덩이를 더듬고는 이튿날 후회를 합니다. 노래방 도우미로 온 여자들이 내 아내와 내 여동생과 내 딸 같은 여인들이기 때문입니다. 과거에는 건물의 지층과 2층, 3층은 모두 제조업이나 봉제업의 공장이었으므로 집에서 가까운 곳에 출근해 돈도 벌고 집도 돌볼 수 있었고, 자그마한 운반도구를 이용해 부업꺼리를 받아다가 집에서 푼돈을 벌어 아이들을 가르치는 일이 많았습니다. 그런데 요즘은 식당과 노래방 외에는 딱히 주부들이 돈벌이를 할 만한 곳이 없는데, 정부는 대체 이런 대책은 강구하지 못하고 무얼 하고 있는지 개탄스럽습니다.

    안산 반월에 황진이가 떴다
    자색 저고리에 받쳐 입은
    흰색 속저고리
    외씨버선 고고한 발걸음
    동지섣달 기나긴 밤
    한 허리 베어낸다
    차마 다가설 수 없는 향기로운 필체
    서화담의 시 받아치는 그 솜씨

오늘 밤은 누구네 집 웃음소리가
담을 넘을까

- 임진이 「자목련」 전문, 시집 『절벽에 핀 꽃이 아름답다』 (문학공원)

이 시는 인유법(因由法)을 이용한 시입니다. 인유법이란 과거에 살았던 사람, 제도, 문헌 등을 끌어와 비유하고자 하는 대상을 돋보이게 하는 시적 기법입니다. 임진이 시인이 이 시에서 인유해온 인물은 황진이와 서화담입니다. 자목련이란 꽃을 비유할 때 색깔이나 모양을 관찰하여 시를 이끌어나가는 것이 보통 시인들의 일반적인 시적 기교입니다. 그럼에 반하여 임진이 시인은 자목련이란 소재를 돋보이게 하기 위하여 황진이의 옷과 사연을 이끌어오고 있습니다. 이러한 인유법은 특별한 수업을 거치치 않고서는 써낼 수 없는 특별한 시적 기교로 그만큼 임진이 시인이 시를 위한 수업에 충실했음을 증명해줍니다.

졸시 한 수 더 읽어보겠습니다.

자전거를 타고 벽을 달린다 큰 탁상시계가 튀어나와 외친다 '네가 무슨 조폭이냐' 구부러져 흘러내리는 숟가락을 큰소리로 나무라던 시계는 해머에 정수리를 맞고 뇌진탕으로 쓰러져 바닥에 피처럼 엉겨 붙는 희고 노란 동전을 쏟아놓는다 얼마 전까지 죽은 해소장이가 덮던 피가래 묻은 이불을 널던 담벼락에 아무 거리낌 없이 기대앉은 구두수선 박스에는 할머니 배꼽에 피어싱처럼 에어컨이 돌아가고 달리는 시내버스가 아니꼬운 눈으로 바라보는 빌딩들은 정신없이 전화를 해댄다 가끔 쇳소리를 내며 다리를 저는 전철은 가을 운동회에서 손님 찾기를 하며 달리는 사이

에 음영은 아귀처럼 도시 풍경을 잡아먹고 있다

지금 안방에서는 <퀴즈 1:100>이 사람의 넋을 빼앗고

― 졸시 「살바도르 달리의 도시」 전문

이 시는 제가 살던 응암동을 배경으로 쓴 시입니다. 이 시를 쓸 때의 계절은 무더운 여름이었습니다. 무엇이든 줄줄 흘러내린다고 느꼈습니다. 벽이 도로일 거란 생각과 시계가 사람이란 생각은 상상 심상법을 써 쓰고 있으나 여기서 설명하려는 것은 화가 살바도르 달리의 그림인 <기억의 영속> 시리즈와 현대 도시가 같다는 생각에서 나온 인유입니다. 그래서 저는 인유법을 사용하여 제목을 「살바도르 달리의 도시」라고 붙였습니다.

(2) 패러디란 무엇인가

패러디란 흔히 남을 흉내내는 말이라 할 수 있습니다. 코미디언들이 곧잘 유명정치인이나 대통령의 흉내를 내서 히트를 치곤하지요. 얼마 전 대통령이 기자회견장에 나와 "이러려고 대통령한 건 아닌데 자괴감이 든다."는 말을 했습니다. 그러니까 인터넷에는 패러디가 봇물처럼 터져 나왔습니다. "이러려고 학생 한 건 아닌데 자괴감이 든다." "이러려고 국민 한 건 아닌데 자괴감이 든다." "이러려고 남자 한 건 아닌데 자괴감이 든다." "이러려고 빵 집한 건 아닌데 자괴감이 든다." "이러려고 조퇴 한 건 아닌데 자괴감이 든다." 등 수많은 패러디가 쏟아져 나왔지요. 우리나라는 패러디 왕국입니다. 햄버거는 원래 독일의 함부르크 지방에서 만들어먹던 빵의 종류입니다. 그런데 우리나라에 햄버거가 들어오더니 치즈를 넣어먹으면 치즈버거 불고기를 넣어먹으면 불고기버거, 하물며 밥버거까지 등장을 했습니다. 다음 시를 더 읽어보면서 공부하겠습니다.

  산으로 가자 새벽어둠을 품에 안고 매일 세상을 오르는 산의 부지런함을 배우자 정기와 숲의 정령들이 모여 부지런히 계곡을 내려오는 땅의 성실함을 따르자 바람 따라 정처 없이 흘러가는 구름을 쳐다보며 구름처럼 평화로운 영혼이 되자 어디서 왔다가 어디로 가는지 모를 변화무쌍한 바람을 따라 깨달음의 꽃을 피우는 순풍이 되자

  화려한 옷보다는 실용적인 옷을 입으며, 정갈한 옷으로 갈아입은 푸른 숲처럼 향기 나는 사람이 되자 위태롭게 말없이 자리를 지키는 바위를

우러러 바위의 우직함을 본받자 그 척박한 바위틈에 자리 잡은 기품 있는 소나무처럼 품위 있는 자태를 닮아가자 양지바른 곳에 올망졸망 피어있는 양지꽃처럼 어울리며 살아보자 비탈진 바위산 언덕에 피어있는 구절초 군락처럼 청초한 삶을 살자

참나무 숲의 어둡고 습한 그늘에서 화려한 자태를 뽐내는 망태버섯이라도 함부로 보지 말고 우리도 그들처럼 당당한 생명이 되자 울긋불긋 채색된 낙엽더미 위를 부지런히 오가는 귀여운 다람쥐처럼 사랑스러운 존재가 되자 이른 아침 계곡에서 오붓하게 사랑을 나누는 청둥오리 한 쌍처럼 정다운 사랑을 하자 촉촉한 고목나무 위를 달려가는 민달팽이의 여유로움을 배우자

오는 사람 막지 않고 가는 사람 잡지 않으며, 외로운 자 친구가 되고 교만한 자 꾸짖어주며, 진실로 산을 사랑하는 자에게 건강을 선물하는 산으로 가자

— 신명수 「등산교육헌장」 전문

이 시는 인유가 아니라 패러디라고 할 수 있습니다. 왜냐하면 인유는 내용을 따오는 것이고 이것은 문장이나 제목을 따온 것으로 패러디라고 할 수 있습니다. 국민교육헌장에서 제목만 패러디한 것입니다. 그런데 남의 글을 마치 자신의 글인 양 패러디해서 발표하는 경우를 봅니다. 이는 범죄이며 내용을 패러디할 때는 꼭 출처를 밝혀주어야 저작권 시비에서 자유로울 수 있음을 강조합니다. '밥그릇 경전'이니 '물의 경전'이니 하는 말은 경전을 패러디한 말입니다. 국민교육헌장이 나온 이후에 자연보호헌장, 경기도민헌장 등 무수히

많은 현장이 쏟아져 나왔습니다. 그럴 때 메뚜기현장이나, 칼국수헌장 등을 시의 제목으로 쓴다면 이런 것이 패러디라는 말씀입니다.

제 시 중에 「숨은그림찾기」라는 시가 125페이지에 실려 있습니다. 저에게 공부하고 있는 사람들에게 패러디 숙제를 냈습니다. 그랬더니 거의 흡사하게 패러디해내는 사람이 있었습니다. 패러디는 문학의 한 방법입니다. 그렇지만 출처를 밝히지 않는 것은 범죄가 됩니다. 그리고 사전 동의 없는 패러디는 원작자의 심적 물적 피해를 줄 수 있으므로 가급적 저작권의 침해가 안 되는 분야에 대한 패러디가 좋을 것 같습니다.

　　　　물병자리물고기자리양자리황소자리쌍둥이자리게자리사자자리처녀자리천칭자리임산부자리전갈자리사수자리염소자리

　　　　블라디보스토크이르쿠츠크노보시비르스크샹트페테르부르크앙가르스크예카테린부르크드네프로페테로프스크우스티캄차츠크노보쿠즈네츠크방역마스크크라스노야르스크

　　　　낙동강예성강한강금강압록강한탄강장진강두만강영산강북한강남한강임진강박청강섬진강백마강홍천강소금강보성강태화강채석강경호강천내강적벽강허천강동강서강

　　　　아침고요수목원광릉수목원국립세종수목원홍릉수목원물향기수목원동백수목원한밭수목원청소년수련원동화마을수목원산들소리수목원곤지암수목원천리포수목원벽초지문화수목원
　　　　<
　　　　보문역창신역동묘역신당역청구역약수역버티고개역한강진역이태원역

구제역녹사평역삼각지역효창공원역

　- 홍인숙 「숨은그림찾기 - 김순진의 「숨은그림찾기」를 패러디하다」 전문

제14강 어조란 무엇인가

제14강 어조(語調)란 무엇인가

(1) 어조란 시에 있어 표현적 말투다

　어조란 시에 있어 표현적 말투를 말합니다. 말투는 시적 대상이나 작가의 생각에 따라 바뀔 수 있습니다. 시창작에 있어 평상시 어른에게 대하듯 경어적 어조로 말한다거나, 서술문에서처럼 평서문적 어조로만 말한다면 읽는 사람으로 하여금 지루함을 줄 것입니다. 따라서 시창작에 있어 적절한 어조의 사용은 시를 돋보이게 하며, 독자에게 더욱 호소력 있게 다가갈 수 있는 한 방법이 됩니다. 어조란 상황에 따라 변동하는 것이며, 시적 분위기나 화자의 선택에 따라 자주 변하게 되지요. 이를테면 동시의 어조가 "토끼가 깡충깡충 뛰어가고 있어요." 식의 경어적 어조로만 쓰여진다면 단조로워서 독자들은 금방 지루함이나 식상함을 느끼게 됩니다. 그러나 어조는 시제와 무관하게 이루어진다고 말할 수 있습니다. 이를테면 조국이라는 시를 쓴다고 합시다. 흔히 조국을 어머니나 부모님, 그리고 할아버지에 비유하기 쉽습니다. 그런 오류에서 조국에 대한 어조를 경어적 어조로만 쓰여질 필요는 없다는 점을 강조합니다.

지금 뭐하는 겨
아, 장기 두는 사람 어디 갔어?
포장 받아

너의 갑작스런 선제공격
장기판을 헤뜨리고 싶다
우리의 포를 무너뜨리기 위해
천안함을 쏘는 심정은 알겠다만
그러다 너희 병사들 모두 굶겨죽이면
누구한테 용서받을래

포장 받아
우리의 선물 포장 뜯어볼래
영원히 포장으로 가리다 굶어죽을래
김일성궁을 옮길래
여보게 개성공단, 금강산
포장 받아

— 졸시 「포장 받아」 전문

    이 시는 북한과 남한의 현대 상황을 비유한 저의 졸시입니다. 남북으로 갈라진 상황을 두 친구가 장기판 앞에 앉아서 장기를 두는 상황으로 표현한 것이죠. 북한을 시적 화자로 끌어들일 때 꼭 경이로 표현할 필요는 없습니다. 따라서 시적 화자는 친구와 장기를 두는 상황을 설정하면서 친구에게 명령형어조와 청유형어조를 사용하여 말하고 있습니다.

놀러 나온 아가야
땅따먹기놀이는 손 트는데
왜 그 놀이를 시작했는지 모르겠구나
어른들이 야금야금 너희들의 금을 밟고 있구나
어른들이 그 큰 발로 너의 금金을 밟으면
너도 억척같이 금수을 밟아라
아가야, 땅따먹기란 금을 밟지 않는 놀이가 아니라
금 밟고도 즐겁게 놀다가 집으로 들어가는 것
어른들이 어른을 포기하고 미끄럼틀이 되었구나
철봉을 포기하고 흔들리고 있는 그네가 되었구나
대차대조표의 시소놀이에 형제를 올려놓은 어른을 봐
빵가게와 구멍가게를 무너뜨리는 어른을 봐
서로를 밟아 만신창이가 된 어른을 봐
아가야 우리 땅따먹기 그만하고 두꺼비집 짓자
두껍아 두껍아 헌집 줄게 새집 다오
아가야, 우린 금 밟지 말고 그냥 두꺼비집놀이 하자
금[線]을 밟거나 금(金)에 주저앉지 말고
금수을 넘어서

— 졸시 「대기업, 땅따먹기」 전문

이 시는 대기업이 서민들의 밥줄을 빼앗고 건물을 사들이는 상황에 대한 반항심으로 쓴 저의 시입니다. 시적 화자는 서민인 아이와 대기업인 어른이 땅따먹기 놀이를 하고 있습니다. 땅따먹기란 작은 돌멩이를 가지고 금을 밟지 않고 단계적으로 칸을 이동하며 노는 전래놀이입니다. 어린이가 하는 놀이인데, 어른들이 어린이 놀이에 매달리고 있다는 시적 설정이지요. 요즘 대기업들이 우리 소시민들의 주머닛돈을 빼앗으며 그런 작태를 보이고 있는 상황입니다. 대기업이 두부장수와 콩나물장수까지 하고 있습니다. 신라호텔을 경영하던 삼성가의 딸은 빵장사를 하다가 국민여론에 밀려 그만두었습니다. 월마트, 이마트 등이 재래시장과 골목상권을 죽이려고 지방으로, 농어촌으로, 골목으로 파고드는 게 현실이지요. 그래서 필자는 아이들이 하는 놀이를 어른이 빼앗아서 놀고 있는 상황으로 설정했습니다. 그런데 재미있는 것은 자신의 위치를 망각해가는 과정입니다. 인간에게 가장 중요한 것은 사람이고 사랑인데, 대기업 회장의 딸이 자살한 것은 사랑보다 가문과 명예를 높이 놓았기 때문입니다. 형제의 난이니 왕자의 난이니 하는 것들이 사람을 얼마나 유치하고 작게 만드는지 세상 사람들은 다 아는데 그 사람들만 모르고 있습니다. 명예란 사람이 만드는 것이고 언제든 상황이 변하는 것이기 때문에 명예와 목숨을 맞바꾸는 어리석은 일은 대기업 총수쯤 되니까 할 수 있는 일이란 것을 필자는 비꼬고 싶었던 것이지요.

여기서 필자는 '모르겠구나, 밟고 있구나, 되었구나' 등의 탄식적 어조를 자주 사용하고 있습니다. 작품 중간에서는 '어른을 봐'하면서 반복적이고도 청유적어조로 독자를 환기시키고 있어요. 보통 어조는 시어와 서술어의 어미에서 잘 드러나게 되는데 대개 한 작품에서 일관되게 나타납니다. 이를테면 경어적 어조와 명령적어조가 같이 나타나는 것이 아니라 화자의 연령, 위치에 따라 일관되게 나타난다고 말 할 수 있습니다. 그러나 우리는 한 작품 안에서도 어조가 달라지는 경우를 가끔 발견합니다. 이는 주로 시적 자아의 정서에 변화가 생길 때 나타나게 되는데 이를테면 기대감이 실망감으로 바뀐다든지, 체념적 정서에서 의지적 정서로 나아간다든지 할 때, 그런 정서의 변화가 어조에 반영되는 것이지요.

  한 수 더 읽어보겠습니다.

       풍경처럼 흔들릴지라도
       이상을 높이 가지려네
       삶의 울타리를 벗어나지 않으려네
       맑은 날만을 기대할 수야 있나
       울어야 할 때 눈물이 나오지 않는 것처럼
       계면쩍은 일이 없지

       장마 같은 슬픔이 와도 뽀송히 살며
       석 달 열흘 가뭄에도 눈 촉촉이 적시며 살겠네
       늘 먼 곳을 바라보며 살겠네
       옷매무새를 단정히 살겠네
       누구든 따스하게 품어주겠네

       부자거나 가난하거나
       같은 하늘 쓰고 살긴 매한가지
       내 꿈은 고래실 같은 기와집이 아니라
       초가삼간이라도 굵은 눈발 견디며
       뜰안 가득 봄을 들여놓는 일이지

                                  - 졸시 「지붕」 전문

(2) 어조의 예

가) 서술적어조의 예

해질 무렵 저녁이 오는 소리를 들었다
햇살에 등을 데우던 나무들이 남은 온기를 속주머니에 찔러 넣고 있었다
언젠가 어둠 속에서 바라본 강 건너 불빛 서너 개 정도의 온기였다
어린 새들이 둥지에 드는 동안
맨발로 이곳까지 걸어온 저녁은 신발을 고르고 있었다
나뭇가지에 걸린 저녁의 신발들이 바람에 흔들렸다
헐렁한 신발을 신고
저녁이 허리를 펴는 순간,

일제히 팔을 벌리는 나무들, 참나무 품에 산비둘기가 안기고
떡갈나무 우듬지에 까치가 자리를 잡았다
잘 접힌 새들이 책갈피처럼 꽂히고
드디어 저녁이 완성되었다

해가 뚝 떨어지고 숲은 서둘러 문을 닫았다
순식간에 시야가 어두워졌다
저녁과 밤이 이어지는 그 사이를 서성거리며
난생 처음 어둠의 몸을 만져보았다
자꾸 발을 거는 어둠에게 수화로 마음을 건네도
사람의 말을 알아듣지는 못했다
더듬더듬 길을 찾는 동안, 자정의 밤은 산꼭대기까지 차올랐다

뻘밭에 빠져 달려드는 바다를 바라보던 망연한 그때처럼
일시에 몰려든 어둠으로 숲은 만조였다
썰물의 때를 기다려야 한다
어제와 오늘을 이어 붙이려면 시간이 필요하다
나무들도 한 줌 체온을 껴안고 아침을 기다리고 있었다
모든 외출이 신발을 신는 것으로 완성되듯이
신발 끈을 조이며 어둠이 빠지기를 기다렸다
수척한 밤이 몇 번이나 나를 들여다보고 지나갔다
어둠의 이마를 본 것은 그때가 처음이었다

— 마경덕의 「저녁과 밤의 사이에서 서성거리다」 전문, ≪사람의 문학≫ 2012년 봄호

나) 독백적어조의 예

아이들이 공부하고 있으니
두부장수는 종을 흔들지 마시고
행상트럭은 앰프를 꺼주시기 바랍니다
크게 써서 학교 담장에 붙이는 소사 아저씨 뒤통수에다가
담장 옆에 사는 아줌마 아저씨들이 한마디씩 날린다
공일날 운동장 한번 빌려준 적 있어
삼백육십오일 스물네 시간 울어대는
학교 종 한번 꺼달란 적 있어
학교 옆에 사는 사람은 두부도 먹지 말란 거여
꽁치며 갈치며 비린 것 한번 맛볼라치면

버스 타고 장터까지 갔다 오란 거여
차비는 학교에서 내줄 거여 도대체
목숨이 뭔지나 알고 분필 잡는 거여
호박넝쿨 몇 개 없었더니 애들 퇴학시키듯 다 잘라버린 것들이
말 못하는 담벼락 가슴팍에 못질까지 하는 거여
애들이 뭘 보고 배울 거여 이웃이 뭔지
이따위로 가르쳐도 된다는 거여

— 이정록 「이웃」 전문, 시집 『정말』

다) 설명적어조의 예

올해 들어 유난히도 화색이 도는 이모부가
이발소에 앉아 미소를 머금은 채 졸고 있습니다
염색도 하고 포마드도 발라서
햇살이 내려앉은 듯 반짝이는 머리를 꾸벅입니다
그러다가 무엇에 놀란 듯 화들짝 깼는데요
바로 그때
커트보자락 끝에서 윤기 짜르르 흐르는 백구두가
쑥 나왔다 황급히 들어갑니다
아무도 몰래 누굴 만나러 갈 모양입니다만
우리 이모부 쉰도 훌쩍 넘긴 나이에
소 팔아서 바람을 샀던 일
평생을 두고 잊을 수 없어서
봄기운 살아나고 꽃 소식 들리면
그 전과를 들춰내서는

밤낮 없이 쌍심지 켜고 문단속하던 여자
이모를 꿈속에서 마주친 게 틀림없습니다

그건 그렇고
창 너머 저 목련나무는 뭐 땜에
열었던 꽃봉오리 도로 닫고 그런다요

     - 원무현 「꽃샘추위가 나타나셨다」 전문

반 평 조립식 건물
검은 뿔테안경의 송씨가 문자를 발굴하고 있습니다
반창고 감긴 손으로 문자의 골격을 맞춰 나갑니다
고분에서 나온 뼈를 다루듯 조심조심
후욱 숨을 불어넣습니다
그가 새긴 이름들이 종이 위에서 일제히 살아 움직입니다
첫 이름을 가진 여학생의 두근거림
직인 한 방에 집 날린 사내의 눈물
2년 전 가출한 아내의 악다구니도 있습니다
그 잔소리 여지껏 파내지 못 해 가슴 깊숙이 박혔습니다
그의 뼈가 덜걱거립니다
어느 틈에 함박눈 한 장이 땅에 깔렸습니다
가게 앞으로 목도장과 뿔도장 같은 사람들이 바쁘게 지나갑니다
발자국을 꾹꾹 찍는 행인들
편의점 아저씨가 빗자루로 크고 작은 발도장을 지우고 있습니다
송씨의 가게 앞 차디찬 백지 한 장도 순식간에 구겨졌습니다
봄이 오면 건너편에 컴퓨터 도장집이 생긴다고,

육교가 철거되기 전 마지막 겨울
오늘만은 불빛이 뜨겁습니다
어둠이 소복소복 내리는 저녁
뼛가루 같은 글자들이 하늘에서 쏟아집니다
그는 육교 밑에서 낯선 이름들을 발굴 중입니다

- 이해원 「육교 밑 고고학자」, 2012년 ≪세계일보≫ 신춘문예 당선작

라) 반복적어조의 예

1.
1929년 스물아홉의 이장희가 죽었다.
1935년 서른둘의 김소월이 죽었다.
1937년 스물일곱의 이상이 죽었다.
1938년 서른넷의 박용철이 죽었다.
1945년 스물여덟의 윤동주가 죽었다.
1945년 스물아홉의 김종한이 죽었다.
1956년 서른의 박인환이 죽었다.
1968년 마흔일곱의 김수영이 죽었다.
1969년 서른아홉의 신동엽이 죽었다.
1988년 마흔둘의 박정만이 죽었다.
1989년 스물아홉의 기형도가 죽었다.
1991년 마흔셋의 고정희가 죽었다.
1992년 서른아홉의 이연주가 죽었다.
1993년 서른넷의 진이정이 죽었다.

1994년 마흔여덟의 김남주가 죽었다.
2005년 스물여섯의 신기섭이 죽었다.

모두 죽었다.

2
아니다, 단지
사라졌다 저 광활한 우주 속으로6)

아니다, 영원히
살아있다 저 광활한 우주 속에서, 별이 되고 유성이 되고

3
시인은, 수억 년 죽어서도 빛으로 남을 것이니
지상에 잠시 유배되었던 별이었으니
서른아홉의 내가 죽는 들 어떠하리 마흔의 내가 죽는 들 어떠하리

당신 먹먹한 가슴에 서른아홉 개의 유성우로 내릴 수만 있다면
마침내 소멸이라도 좋으리

— 박제영 「유성우(流星雨)」 전문, 『뜻밖에』 (애지, 2008)

---

6) 박정만의 시, 「종시(終詩)」 인용

마) 회상적어조의 예

그때쯤,
"밥 먹어라"
부르던 엄마 목소리

어스름에 나를 업고 둥실둥실 집을 향하던 할아버지
해지는 줄 모르고 뛰어놀 때, 들리던
"밥 먹어라"
부를 때마다 환해지던 그 골목

따뜻한 등에 업혀 철모르던 그 시절을 지나
산 너머에서 신작로 끝에서
아득히 먼 곳에서
소리 없이 설렘과 그리움을 실어오던
불러보면 저녁연기처럼 그을음 냄새가 나는
어스름

이제 먼 길을 걸어와 저물어가는 나이
그래도 가만히 불러보면 여전히
그 모습으로 달려오는,
그때 그 저녁

　　　　― 심정자 「그때 그 저녁」, 시집 『그때 그 저녁』 (월간문학)

바) 대조적어조의 예

나 하늘로 돌아가리라
새벽빛 와 닿으면 스러지는
이슬 더불어 손에 손을 잡고,

나 하늘로 돌아가리라
노을빛 함께 단 둘이서
기슭에 놀다가 구름 손짓하면은

나 하늘로 돌아가리라
아름다운 이 세상 소풍 끝내는 날
가서 아름다웠다고 말하리라.

— 천상병 「귀천」 전문

사) 남성적어조의 예

나는 얼굴에 분칠을 하고
삼단 같은 머리를 땋아 내린 사나이

초립에 쾌자를 걸친 조라치들이
날나리를 부는 저녁이면
다홍치마를 두르고 나는 향단이가 된다
이리하야 장터 어느 넓은 마당을 빌려
람프불을 돋운 포장 속에선
내 남성이 십분 굴욕된다

〈
산 넘어 지나온 저 동리엔
은반지를 사주고 싶은
고운 처녀도 있었건만
다음날이면 떠남을 짓는
처녀야!
나는 집시의 피였다
내일은 또 어느 동리로 들어간다냐

우리들의 소도구를 실은
노새의 뒤를 따라
산딸기의 이슬을 털며
길에 오르는 새벽은
구경꾼을 모으는 날라리 소리처럼
슬픔과 기쁨이 섞여 핀다.

— 노천명 「남사당」 전문

아) 여성적어조의 예

어느 조그만 산골로 들어가
나는 이름 없는 여인이 되고 싶소
초가지붕에 박넝쿨 올리고
삼밭에 오이랑 호박을 놓고
들장미로 울타리를 엮어
마당엔 하늘을 욕심껏 들여놓고

밤이면 실컷 별을 안고
부엉이가 우는 밤도 내사 외롭지 않겠소

기차가 지나가 버리는 마을
놋양푼의 수수엿을 녹여 먹으며
내 좋은 사람과 밤이 늦도록
여우 나는 산골 얘기를 하면
삽살개는 달을 짖고
나는 여왕보다 더 행복하겠소

— 노천명 「이름 없는 여인이 되어」 전문

제15강 비유란 무엇인가

제15강 비유(比喩)란 무엇인가

　비유(比喩)란 무엇일까요? 시창작 기법에서 비유법이란 비유하는 말, 즉 보조관념을 사용하여 나타내고 싶은 말, 즉 원관념을 돋보이게 하는 방법입니다. 비유에는 원래의 뜻을 보강하는 방법이 있고, 원래의 뜻을 약화시키거나 잃어버리고 새로운 뜻을 탄생시키는 방법이 있습니다. 그 방법은 매우 다양하며 초기 단계에는 직유법을 많이 쓰지만 점차로 은유법을 많이 쓰게 되며 훈련을 많이 한 사람일수록 심층적 비유법인 환유, 제유, 대유, 활유 등의 기법을 사용하여 자신이 표현하고자 하는 대상을 극대화시킬 수 있습니다. 어떤 방법을 써야 시에서 가장 좋은 방법인가를 판단할 수는 없지요. 그때그때 상황에 맞는 나만의 비유법을 채택하여 내가 표현해내고자 하는 것을 극대화시키면 그 표현은 자신만의 표현이 되며 문학적으로 영생할 수 있는 방법이 됨을 잊지 말아야 합니다. 이를테면 김소월은 반어법을 사용하여 '나보기가 역겨워 가실 때에는 / 죽어도 아니 눈물 흘리우리다'라는 구절로 불후의 명작을 남겼으며, 김동명은 '내 마음은 호수요 그대 노 저어 오오(내 마음 = 호수)라는 이해하기 쉬운 은유로서 우리들의 기억에 남아있습니다. 누구든 적절한 비유법으로 최고의 시를 써내실 수 있으며, 그것은 특허보다도 강력하여 영원히 국민들의 가슴에 살아남게 될 겁니다.

　좋은 비유란 무엇일까요? 동일한 것끼리 비교하지 않는 것이 좋은 비유입니다. 옆집 아이와 비유하지 않는 것, 옆집 여자와 비유하지 않는 것, 그리고 친구 남편과 비유하지 않는 것입니다. 오죽 듣기 싫었으면 엄친아(엄마의 친한 친구 아들)라는 말이 나왔을까요? 엄마 친구의 아들은 무엇이든 잘합니다. 공부도 잘하고 잘생겼고 키도 크고 반장에다가 효자이기까지 하지요. 그런 엄마 친구 아들이 있다고 늘 비교한다면 아들이 좋아할까요? 싫어할까요? 가까운 것과 비교하지 말아야 합니다.

　그럼 어떻게 비유해야 할까요? 서로 상관관계가 먼 것끼리 비교하는 겁니다. 이를 언어의 폭력적 결합이라고 말합니다. 탱크와 볼펜, 잠자리와 가방을 결합시켜서 타당성을 확보할 때 그 시는 좋은 시가 됩니다. 사람을 강과 호수와 새와 하늘과 기차와 노루로 비유하는 겁니다. 강을 기차와 망치 소리와 토끼와 달과 책상으로 비유하는 거지요. 종이를 눈물과 종소리와 파도와 기적 소리로 비유하는 거예요. 메뚜기를 헤라클레스와 우주선과 여인과 달로 비유하는 것이고요. 서로 다른 것, 거리가 먼 것을 가져다 비유할 때 그 비유는 아름다워지며 유사한 것끼리 비유할 때 유치해집니다. 공감각의 전환, 그리고 비유법을 잘 활용하신다면 여러분도 최고의 시인이 되실 수 있습니다.

　비유법은 다양하게 발전해왔습니다. 가장 초기의 방법인 직유법을 가급적 자제하면서 어떤 방법을 내 시에 적용할 것이냐를 고민한다면 여러분은 좋은 시를 써내실 수 있습니다. 그런데 중요한 것은 남이 사용한 구절이 아니라야 합니다. 세상에는 우주만물이 존재합니다. 그 만물은 모두 다 이름을 가지고 있으며 특성을 가지고 있습니다. 따라서 그 이름이나 특성을 우리의 문학작품에 끌어들인다면 남과 전혀 다른 표현을 해낼 수 있습니다. 언어는 마르지 않는 화수분이지요. 아무리 시를 많이 쓴 사람이라 할지라도 중복되지 않는 시를 쓸 수 있는 것이 그런 이유 때문입니다. 사람마다 보는 눈이 다르고, 사람마다 경험이 다르기 때문에 그 사람만의 비유를 써낸다면 그 사람은 성공한 시를 쓰실 수 있을 겁니다.

그럼 이 단원에서는 비유법에 무수히 많지만 몇 가지 비유법에 대해서만 설명해보기로 하겠습니다.

(1) 직유법(直喩法)

표현하려는 대상과 비슷한 특성을 가진 다른 대상에 직접 빗대어 나타낼 때, 보조 관념을 '같이', '처럼', '인양', '듯이' 등의 매개적인 결합어를 사용하여 직접적으로 연결시키는 방법을 직유법이라고 말합니다. 다음 시 한 수를 읽어봅시다.

    뜨거운 물이 찻잎의 푸른 눈물을 둥그렇게 감싸듯이
    떠도는 손님을 헐값의 여인숙이 한 칸의 헐렁한 몸으로 받아내듯이

    그윽한 못과

날아오를 물오리 한 마리

— 문태준 「새벽 못가」 전문

이 시에서 문태준 시인은 이 시에서 자신이 보아온 광경이나 느낌을 비유에 끌어들였습니다. 비록 직유법이긴 하지만 난해하지도 기발하지도 않는 비유법에 우리는 고개를 끄떡이고 맙니다. 그것은 그윽한 못에 떠 있는 물오리 한 마리에 대한 비유가 찻잎이 녹아드는 찻잔이라든지, 여인숙에 드는 나그네와 유사점을 발견했기 때문입니다. 그 유사점의 발견은 체험으로부터 비롯된 것입니다. 따라서 여러분의 체험은 모두 시 속에 녹아들어서 특별한 비유로 거듭날 수 있음을 말씀드립니다.

(2) 은유법(隱喩法)

표현하려는 대상과 비슷한 특성을 가진 다른 대상을 간접적으로 빗대어 나타낼 때, '~은 ~이다.'의 말을 사용하여 표현하는 방법입니다. 매개어가 사용되지 않고 'A는 B이다.'라는 형식으로 나타난 수사법입니다. 즉 원관념이 보조관념 속에 내포되는 것입니다.

내 마음은 호수요
그대 노 저어 오오

나는 그대의 흰 그림자를 안고
옥같이 그대의 뱃전에
부서지리다

내 마음은 촛불이오
그대 저 문을 닫아주오
나는 그대의 비단 옷자락에 떨며
고요히 최후의 한 방울도
남김없이 타오리다

내 마음은 나그네요
그대 피리를 불어주오
나는 달 아래 귀를 귀울이며
호젓이 나의 밤을 새이오리다

내 마음은 낙엽이오
잠깐 그대의 뜰에 머무르게 하오
이제 바람이 일면
나는 또 나그네같이
외로이 그대를 떠나오리다

— 김동명 「내 마음」 전문

  은유는 'A = B이다'의 관계입니다. 즉 '오월은 계절의 여왕이다', '4월은 잔인한 달'에서처럼 서로 다른 관계를 동등관계로 놓고 말하는 방식입니다.

(3) 반복법(反復法)

반복법에는 무수히 많은 방법이 있습니다. 반복법이 비유법의 한 양식이지만 그 양이 많은 관계로 따로 떼어 한 단원을 공부하기로 합니다. 반복법(反復法)이란 같거나 비슷한 낱말, 구, 절, 문장 등을 거듭 반복해 써서 뜻을 강조하는 기법입니다. 반복법에는 여러 가지 방법이 있습니다. 그 분류방법도 의미에 따른 구분, 기능에 다른 구분 등이 있습니다. 반복법은 흔히 후렴이나 멜로디의 리듬 같은 것으로 시를 노래답게 해주거나 강조해주는 기능이 있습니다. 하나하나 공부해보기로 합시다.

흔들리는 집을 짓는 것들은 날개들뿐이다. 새들의 건축법에는 면적을 재는 기준이 직선에 있다고 나와 있다. 직선은 흔들리는 골재를 갖고 있다. 문 없는 집, 계단 없는 집, 지붕이 없는 집, 없는 게 너무 많아 그 집을 탐하는 것들도 별로 없다.

미루나무에 빈집 몇 채 얹혀 있다. 층층을 골라 다세대 주택 같다. 포란의 계절에만 공중의 집에 전세를 드는 새들, 알들이 아랫목처럼 따뜻할 것 같다. 아궁이에선 초록의 연기가 피어오르고 어둠을 끌어다 덮으면 아랫목에서 날개가 파닥일 것 같다.

공중 집을 보면 새들의 작고 뾰족한 부리가 생각난다. 날개에 붙어 있는 공중의 주소, 셀 수 없는 바람의 잔가지들이 엉켜 있어 수시로 드나드는 바람엔 개의치 않는다. 양 날개에 바람을 차고 나뭇가지를 나르던 가설의 건축.

쌀쌀한 날씨에 군불처럼 둥지에 앉아 있는 새들.

불안한 울음이 가득한 포란의 집. 짹짹거리는 소리가 나뭇가지를 옮겨 다닌다. 직선의 면적에 둥근 방. 문고리가 없다.

이제 소란한 공중은 새들의 소유다.

- 김미나 「포란의 계절」, 2011년 중앙신인문학상 당선작

이 시에는 다양한 수사법이 적용되고 있습니다. 특히 반복법이 자주 사용됩니다. '흔들리는 집과 흔들리는 골재에서'의 반복 '문 없는 집, 계단 없는 집, 지붕이 없는 집', '없는 게 너무 많아'에서의 '없는'의 반복, 그리고 2연에서의 '다세대 주택 같다, 따뜻할 것 같다, 파닥일 것 같다'에 나타나는 추측 언어 '것 같다'의 반복이 그것입니다. 물론 이 시에서 반복법이 주된 수사법은 아닙니다. 여기에서 사

용된 주된 수사법은 공감각의 이동에 있습니다. "흔들리는 집을 짓는 것은 날개들뿐이다. 직선은 흔들리는 골재를 갖고 있다. 날개에 붙어 있는 공중의 주소, 양 날개에 바람을 차고 나뭇가지를 나르던 가설의 건축." 등은 감각을 전환한 기법들로서 비유법이라기보다는 은유심상법이 맞습니다. 그러나 은유의 심상은 비유의 전환으로부터 시작됩니다. 시인의 말에서 '흔들리는 집을 짓는 것은 날개들뿐이다.'라고 말했다면 그에 타당한 객관성을 확보해나가는 게 시인의 역할입니다. 모든 언어는 시인이 자유롭게 구사할 수 있습니다. 산을 강이라 해도 좋고 돌을 밥이라 해도 좋습니다. 왜 돌을 밥이라 하느냐에 따른 객관성을 확보해서 독자를 이해시키는 게 관건입니다. 아무리 좋은 심상이라도 자신의 마음속에만 들어있고 읽는 사람을 이해시키지 못하면 그것은 죽은 시가 되거나 좋지 않은 시에 머물고 말 것입니다.

제 졸시 몇 수 읽어보겠습니다

    팔천 원 주고 산 치차꽃이 만개해 온 집안이 향그럽다
    나는 잠을 이루지 못하고 치자향 짙은 유년으로 달린다

    시집보낸 메밀잠자리 멀리 못 날고 떨어졌다 치자 맡아놓은 새둥지에 새가 다 자라 날아갔다 치자 오디 따오다 넘어져 무릎을 깼다 치자 넘어져 잡은 물고기 다 떠내려갔다고 치자 채변봉투 못 담아와 친구의 똥 나눠서 냈다 치자 용의검사에 이빨을 안 닦고 와 모래로 닦고 친구아버지 도장을 비틀어 찍었다 치자 손 터져 손등에 핏물이 흐른다 치자 코 닦은 팔꿈치가 번질번질하다 치자 이 잡은 손톱이 빨갛다 치자 책 찢어 접은 딱지를 다 잃었다 치자 빤쓰 없이 고누하다 계집애에게 가랑이 사이를 들켰다 치자 마당가에서 유리구슬을 잃어버렸다고 치자 숨바꼭질에 술래만 걸렸다고 치자 보리밥만 먹어 방귀쟁이라 놀림 받았다 치자 애써 만든 모래성이 비에 떠내려갔다 치자 장마 통에 개울 건너다가 고무신 한 짝 떠내려 보냈다 치자 무 뽑아먹다 주인한테 들켰다 치자 옥수숫대 꺾어먹다 입술에서 피가 난다 치자 얼굴에 버짐 먹고 가장 작았었다 치자 친구가 매일 같이 제 가방을 가져가라며 때렸다 치자 스케치북 한 장 얻어 주운 크레용 토막으로 그림을 그렸다 치자 육성회비 한 번 제때에 못 냈다고 치자 운동화 한 번 못 신고 졸업했다 치자 자장면 한 번 못 먹어봤다 치자 썰매 만들다가 망치로 쳐 손톱이 까맣게 죽었었다 치자 크리스마스날 뻥튀기 얻어먹으러 교회에 갔었다고 치자 불깡통 돌리다가 다우다잠바 다 눌렀다 치자 대보름날 오곡밥 훔쳐 먹다 잡혔다 치자 연싸움에 져 날아간 연이 저수지에 빠졌다 치자 불장난하다 짚 낟가리 몽땅 태웠었다 치자

추억의 치자꽃
이제야 만개하고 있다

— 졸시 「치자꽃 피다」 전문

새벽 두 시, 창밖에는 소나기가 쏟아지고 있다
소나기는 이 늦은 시간에 서재에 들러
그간의 가뭄을 퇴고하고 있는 중이다
더딘 초록을 퇴고하고 있는 중이다
풀꽃의 부진을 퇴고하고 있는 중이다
강물의 수위를 퇴고하고 있는 중이다
황사의 오류를 퇴고하고 있는 중이다

미세먼지의 부당함을 퇴고하고 있는 중이다
밤의 적막을 퇴고하고 있는 중이다
차량의 질주를 퇴고하고 있는 중이다
도둑의 위험성을 퇴고하고 있는 중이다

참새가 나무에 앉을 때 그냥 앉지 않는다
나무가 여기 있으니 비행기는 이쪽으로 비행하지 말아주세요
연이 걸릴 수 있으니 날리지 말아주세요
추돌할 수 있으니 자동차는 이쪽으로 운행하지 말아주세요
짹짹짹, 퇴고의 밑줄을 긋지만 우리는
겨우 참새가 하는 말이니, 무시한다
겨울이 오고 있으니 준비하라는 말
사랑이 떠나려 하니 정성을 다하라는 말
당신이 날로 포악해지고 있느니 뒤돌아보라는 말
잠시 그늘에서 쉬며 자신을 돌아보라는 말인데,
우리는 참새의 퇴고를 무시한 채 오류를 범하고 있다

— 졸시 「소낙비와 참새의 퇴고법」 전문

그깟 벚꽃 싫어 사나흘이면 떨어지고 마는 그깟 벚꽃 싫어
제비꽃이 좋아 두고두고 추억을 이어주는 제비꽃이 좋아
아니야 벚꽃이 좋아 온 세상을 환하게 밝혀주는 벚꽃이 좋아
제비꽃이 싫어 제비꽃이 싫어 꽃반지 끼워주고 떠나간 그녀가 싫어

그깟 철쭉 싫어 먹지도 못하게 독을 품은 그깟 개꽃 싫어
진달래가 좋아 그녀의 입술처럼 보드라운 참꽃이 좋아

아니야 철쭉이 좋아 허름한 나에게 화사하게 웃어주는 그녀가 좋아
진달래가 싫어 진달래가 싫어 아무리 기다려도 마음 주지 않는 그녀가 싫어

그깟 라일락 싫어 향기만 무성하니 요란하게 치장한 여자는 싫어
아카시아 좋아 순백 드레스 5월의 신부 아카시아 좋아
아니야 라일락이 좋아 멀리서도 전파를 보내는 그녀가 좋아
아카시아 싫어 아카시아 싫어 웃음 뒤로 가시를 숨긴 그런 여자 싫어

그깟 장미 싫어 루즈만 칠한다고 여자냐 가시 돋친 여자 싫어
코스모스 좋아 목 빼고 날 기다리는 코스모스 좋아
아니야 장미가 좋아 피 흘리며 기다려준 그녀가 좋아
코스모스 싫어 코스모스 싫어 손 흔들며 멀어져가는 그여자 싫어

서로의 약지에 꽃반지 끼워주고 떠나간 그녀가 싫어
기다려 달라 해놓고 아무리 기다려도 마음 주지 않는 그녀가 싫어
자주 헤프게 웃는 웃음 뒤로 가시를 숨긴 그런 여자 싫어
반가운 척 맞이해놓고 손 흔들며 멀어져가는 그 여자 싫어

— 졸시 「싫어 좋아」 전문

당신 앞에서 숨으려
깨뜨렸더니
내 몸 수천으로 살아납니다

당신 영상 희미해지기에
깨뜨렸더니
천지사방 당신 빛 비춰옵니다

보고픈 맘 잊으려
깨뜨렸더니
사랑만 산산이 부서집니다

그리움이 너무 커
깨뜨렸더니
당신은 미움으로 찔러옵니다

― 졸시 「거울 깨뜨리기」 전문

(4) 우화법(寓話法)

  동식물이나 무생물의 세계를 그려 내어 인간 사회를 풍자함으로써 어떤 교훈적인 내용을 암시하는 표현 방법입니다. 예를 들면 "거북이는 토끼를 용궁으로 데려갔다."와 같은 말입니다. 졸시 한 수를 읽어보겠습니다.

거미가 처마 밑에다 집을 짓고 있었어요
그 곁을 날아가던 잠자리가 물었어요
거미아줌마 지금 뭐하시는 거예요
거미는 잠자리가 먹고 싶어 침을 꿀꺽 삼키면서도
속내를 드러내지 않고 태연한 듯 말했어요
응, 곧 우리 아이들이 태어날 거라서
그 아이들이 재미있게 놀라고 그넷줄을 매고 있단다

너도 한 번 타보지 않을래?
잠자리는 깜짝 놀라 간이 콩알만해졌지만
애써 태연하게 말했어요.
우리 엄마는 그넷줄을 매지 않고도
공중에서 그네 타는 방법을 가르쳐주셨는걸요
태어날 아이들을 위해 만드시는 새 그네인데
제가 타서야 쓰나요.
잠자리는 거미집 근처를 날면서 약을 올리다가
날아가 버렸어요.
거미는 하루 종일 집을 짓느라
고단하고 배가 고프지만 그만 어둠이 몰려와서
아무것도 먹지 못 채 그냥 자야 했어요.

거미가 잠을 자러 들어간 줄 아는 잠자리는
마음 놓고 까불대다 그만 거미줄에 걸리고 말았죠

— 졸시 「거미와 잠자리」 전문

(5) 대유법(代喩法)

가. 제유법(提喩法)

  부분으로 전체를 대신하거나, 밀접한 연관이 있는 사물로 대신하여 전체를 표현하는 방법을 대유법이라고 합니다. 하나의 사물이나 관념을 나타내는 말이 경험적으로 그것과 밀접하게 연관된 다른 사물이나 관념을 나타내도록 표현합니다. 대유법에는 제유법과 환유법이 있습니다. 그중 먼저 제유법에 대하여 알아보겠습니다.
　사물의 한 부분으로 그 사물의 전체를 나타내는 수사법입니다.

　　예) 인간은 빵만으로 살 수 없다.
　　　삼성은 방망이가 강하고 SSG는 마운드가 강하다.
　　　요람에서 무덤까지.
　　　청와대에서는 정치규제자 명단을 발표하였습니다.

와 같은 말입니다.

　　　젖기 위해 태어나는 운명도 있다
　　　누군가는 탈출하기 위해 자신의 뼈 하나쯤 예사로 부러뜨리며, 골목
　　에 쓰러져있기도 하지만

　　　뾰족이 날만 세우고 좀체 펴지지 않는 고집도 있다
　　　그런 것은 십중팔구 뼈마디에서 붉은 진물을 흘리기 마련,
　　　정지된 시간 위로 녹슨 꽃 핀다

　　　사람이나 동물에게만 뼈가 있는 건 아니라는 거
　　　기민한 종족들은 물과 돌, 쇠에도 뼈가 있음을 일찍이 알아챘다
　　　어긋난 뼈를 문 우산, 길 위에 젖은 채 쓰러져있다
　　　그도 내 집 담장 밑에 저처럼 누워있었다
　　　젖는다는 것은 필연처럼 물을 부르고
　　　눈물에, 빗물에, 국 한 그릇에 젖는 허기진 몸들
　　　젖은 몸으로 태어난 당신과 나
　　　살면서 몸을 말릴 수 있는 날은 의외로 적다

우산을 새라고 불러보는 정류장의 오후
출발을 재촉하는 채찍 소리 도로 위에 쏟아지면
날고 싶어 퍼덕거리는 새들 몸짓 요란하다
기낭 속으로 반달 같은 슬픔 우르르 몰려들면
둥글게 휘어지는 살들 팽팽히 끌어당기는 뼈
긴장이 도사린 새의 발목은 차갑고 매끄럽다
새의 발목을 끌어당기다 놓친 사내가 도로에 뛰어든다

— 홍순영 「우산을 새라고 불러보는 정류장의 오후」 제13회 수주문학상 수상작

시는 발견입니다. 어떻게 남이 보지 못한 현상을 붙잡아서 쓰느냐가 시의 성패에 관건입니다. 김필영 시인은 선풍기 안에 돌아가는 세 개짜리 날개를 보고 '삼족오'라 했습니다. 홍순영 시인은 우산을 새라고 칭했습니다. 그리고 줄기차게 우산이 새인 것을 증명해나갑니다. 사람들은 밝은 세상만 봅니다. 이미 눈에 보이게 해놓은 폭죽놀이에 열광합니다. 강호동이가 다 만들어준 웃음에 빠져 헤어 나오지 못합니다. 조약돌에도 우주가 있습니다. 풀 한 포기에도 삼라만상의 생로병사를 읽어낼 수 있습니다. 홍순영 시인의 말처럼 '젖기 위해 태어나는 운명'도 있습니다. 누군들 지렁이나 곰팡이로 태어나고 싶겠습니까? 그러나 그렇게 태어난 이상 자신의 운명을 거역하지 않고 순응하는 것을 본받는 것이 우리 시인들, 그리고 공부하는 사람들의 자세입니다. 여기서 시인은 우산을 새로 보았습니다. 죽은 것을 산 것으로 보았으니 활유법입니다. 뒤집히거나 부러질 줄 알면서도 태어나는 것이 우산입니다. 그러나 우산은 새처럼 멀리 날아가고 싶

은 꿈이 있습니다. 맑은 날엔 불려 다니지 못해도 그것을 숙명으로 받아들이는 시인의 자세가 아름답습니다. 여성은 우산과 다를 바 없지요. 늘 궂은일을 도맡아야 하고, 태아를 가져야 하고, 출산하여 젖을 먹어야 하니 젖기 위해 태어나는 운명은 우산뿐이 아니라 여성 자신인 것입니다. 그렇다면 시인은 은연중에 우산을 여성으로 바유하고 있으니 제유법이기도 합니다.

나. 환유법(換喩法)

어떤 사물을, 그것의 속성과 밀접한 관계가 있는 다른 낱말을 빌려서 표현하는 수사법. 한 사물에 관계 있는 사물을 빌려 나타내거나 기호로 써 실체를 대신하거나 소유물로써 주인을 알게 하는 등의 기법입니다.

환유법의 예

　　왕이시여, 피하소서, 당나라군이 성안에…

　　놓아라 이놈들아. 짐을 어디로 데려가느냐. 내 친히 갑옷 입고 눈알 부라리며 출정하면 드넓은 바다가 모두 왕국의 영토였느니, 쏘가리의 충언을 물리친 탓이로다. 고얀 놈들 감히 용호 위에 소금을 뿌리다니. 불판에 놓일지라도 난 눌어붙지 않을 테다. 사(死)공명이 생(生)중달을 쫓듯 끝끝내 네놈들을.

들어라! 너희 왕은 자결했다. 살고 싶거든 드러누워라.

  - 박성민 「왕새우 소금구이」 전문, 시집 『쌍봉낙타의 꿈』 (고요아침)

이 시는 환유법을 잘 사용한 시라 할 수 있습니다. 왕새우라는 이름에서 착안하여 시인은 새우를 왕으로 옹립합니다. 그리고 그에 따른 이야기를 창출해냅니다. 단순하게 한 단어를 환유하는 것이 아니라 시 전체를 환유하면서 딴청부리는 것입니다. 시는 딴청부리기입니다. 이를 '낯설게 하기'라고 합니다. '낯설게 하기'란 러시아의 형식주의자들이 먼저 한 말로 전혀 상관없는 것을 끌어들여 표현하고자 하는 대상을 극대화시키는 방법입니다. 박성민 시인이 사용한 왕새우와 왕은 실제 전혀 상관이 없습니다. 그런데 가만히 살펴보면 그가 꾸며낸 말들은 너무나 재미있어서 읽는 사람은 누구나 웃음을 터뜨리고 맙니다. 새우의 껍질은 갑옷이고, 여기에 등장하는 쏘가리는 수염이 긴 신하처럼 보여집니다. 그러니 "왕새우 = 왕, 새우껍질 = 갑옷, 쏘가리 = 대신, 바다 = 영토" 등의 환유법이 적용된 것입니다.

(6) 희언법(戲言法)

언어유희법이라고도 합니다. 같은 말을 다른 뜻으로 쓰거나 同音異字를 써서 뜻의 묘미를 부리는 기법입니다.

예) 이를 물고 이를 잡는다.

눈에 눈이 들어가니 눈물인가 눈물인가

같이 말놀이를 하는 방식입니다.

나는 매일 신을 신고 저자로 갔네
나의 신은 나의 발에 꼭 맞아 마치 내 몸의 일부인 것 같네
이따금 신은 고약한 냄새를 피우기도 하지만
그건 전적으로 나의 탓
내가 신을 씻지 않았기 때문이네

어디로 가나요?
신은 내게 한 번도 물은 적 없네
나도 마찬가지

내가 집안에서 쉴 때 신은 문밖 댓돌에서 나를 기다리네
그럴 때 신의 속은 어둠으로 가득하네

몇 해 전 내 어머니가 돌아가셨을 때
나는 그녀가 묻힌 비탈에서
그녀의 신이
옷가지들과 함께
불구덩이로 던져지는 것을 보았네

신(神)이 타는 냄새가 코를 찔렀네

— 이경림「신(神)·2」전문, 시집 『내 몸속에 푸른 호랑이가 있다』
(중앙부스)

이 시의 구체적인 수사법은 희언법입니다. 동일한 음의 동음이의어(同音異議語)로 된 말 '신!' 시인은 제목을 '신(神)'으로 정하고 있지만 여기서 신은 세 가지 유형으로 나타납니다. 처음에 나오는 '신'은 신발입니다. 날마다 신을 신고 시장을 다니지요. 그 신발은 댓돌에서 나를 기다리면서 신(神)이 됩니다. 그때 신은 시인이 말한 신으로 존재합니다. 어둠으로 가득한 신, 우리가 만나기 어려운 신입니다. 어머니가 돌아가시고 나서 어머니가 묻힌 비탈에서 어머니의 신이 옷가지들과 태워졌습니다. 그땐 어머니의 신발에선 어머니 냄새, 즉 육신(肉身)의 냄새가 났습니다. 시인은 이런 모든 것들을 관장하는 것을 신(神)이라 믿고 있지요.

(7) 상징법(象徵法)

상징이란 작은 부분으로 집단을 표현할 때 하는 기법입니다. 화이트칼라는 지식인의 상징이었고, 비둘기는 평화의 상징이었습니다. 그런데 상징은 시대나 나라에 따라 바뀝니다. 우리나라에서는 까치가 반가운 손님을 상징하지만, 유럽에서는 도둑으로 상징됩니다. 다음 시 한 수를 읽어봅시다.

마당에 손바닥만한 못을 파고 연(蓮)을 두어 뿌리 넣었다
그 그늘에 개구리가 알을 슬어놓고 봄밤 파리를 씹듯 울었다

가끔 참새가 와 멱을 감았다
소금쟁이와 물방개도 집을 지었다
밤으로 달이나 별이 손님처럼 며칠씩 묵어가기도 했다
날이 더워지자 개구리를 사랑하는 뱀도
슬그머니 산에서 내려왔는데
그와 마주친 아내가 기겁을 한 뒤로
장에 나가 개 한 마리를 구해다 밤낮없이 보초를 서게 했다
그사이 연은 막무가내로 피고 졌다
마당이 더는 불미(不美)하지는 않았으나
마을에 젊은 암캐가 왔다는 소문이 나자
수컷들이 몰려들어 껄떡대는 바람에 삼이웃이 불편해졌고
어쩌다 사날씩 집을 비울 때면 그의 밥걱정을 해야 했다
이런저런 생각 끝에 못을 메워버렸다
마당에 평화가 왔다

— 이상국 「못을 메우다」 전문, 시집 『달은 아직 그 달이다』 (창비)

원래 '못'이란 가진 자의 상징입니다. 배운 자의 상징입니다. 시인의 상징입니다. 유유자적의 상징입니다. 평화의 상징입니다. 옛 선조들은 벼슬을 하다 낙향을 하면 집에 연못을 파고 정자를 하나 지어 그곳에서 시를 읊으며 여생을 보냈습니다. 대다수의 사람들은 시골의 어느 산언저리에 하얀 집 하나 짓고 정원에 작은 연못 하나 파고 정자를 하나 짓고 싶어 합니다. 저 역시 고향 집에 연못을 하나 파기로 동생들과 의논한 적이 있습니다. 그런데 이상국 시인의 이 시를 읽으니 그럴 마음이 조금 거두어집니다. 걱정이 앞서기 때문입니다. 가끔 휴가나 명절 때 가서 고기나 구워 먹으며 낚시나 좀 해볼

요량으로 연못을 파고 싶은 것인데, 이 시에서처럼 뱀이 나타나고 동네 개들이 활개를 치면 어떻게 할까 걱정이 앞섭니다. 그래서 이상국 시인은 가진 자, 배운 자, 시인, 유유자적, 평화의 상징을 묻어 버렸습니다. 평화의 상징인 못을 묻어 평화를 구축했다는 역설이 이채롭습니다. 이이제이(夷以制夷)라고나 할까요. 오랑캐를 제압하는데 오랑캐를 쓴다는 말인데 평화를 구축하기 위해 평화를 무너뜨린 격이니 대단한 패러독스입니다. 어찌 보면 이 시는 공광규 시인의 「담장을 허물다」와 같은 맥락의 시입니다. 공광규 시인이 고향에 돌아와 담장을 허물자 "우선 텃밭 육백 평이 정원으로 들어오고 / 텃밭 아래 살던 백 살 된 느티나무가 아래등치 째 들어왔다 / 느티나무가 느티나무 그늘 수십 평과 까치집 세 채를 가지고 들어왔다 / 나뭇가지에 매달린 벌레와 새소리가 들어오고 / 잎사귀들이 사귀는 소리가 어머니 무릎 위 마른 귀지 소리를 내며 들어왔다"는 말과 이상국 시인이 못을 파자 여러 가지 현상들이 일어났으나 결국 '욕심을 버리는 일이 가장 큰 평화'라는 이 시는 배움의 과정에 있는 우리에게 시사하는 바가 크다고 하겠습니다.

여름이 들어서고 있다
신부전증을 앓는 무더위가 그 뒤에 섰다
감기 걸린 오후 두 시가 콜록대며 뒤따랐고
고물 수집 차량의 확성기에서 늘어진
테이프 맥없는 목소리 높였다
며칠 소란스럽던 건물신축 공사장이
부른 배 두드리며 낮잠에 빠져들고

뜨겁게 달궈진 햇살 삼지창처럼
옥수수 끝에서 빛이 났다
입술 삐죽 내밀고 토라진 호박꽃이
말하고 표현하고 행동하는데 자신감이 생긴다며
커다란 잎사귀 벙긋거렸다
담장 위에서 잠자리 몇 마리
갈짓자로 날았고
해그림자 조용히 한 뼘 물러났다
개미 행렬은 여전히 바쁘고
고양이 한 마리 소리 없이 지나갔다

– 문모근 「골목」 전문, 시집 『월요일에는 우체국을 간다』 (문학공원)

골목은 서민의 상징입니다. 생활구조로 따지면 농어촌 서민보다는 도시서민 상징에 가깝습니다. 땅값이 제법 비싸고, 가까운 곳에 시장이 있고, 근처에 마을버스가 다니는 동네…. 동네 입구에 선술집 몇 개 있고 편의점이나 구멍가게가 생활용품을 시중보다 비싼 값에 공급해주는 그런 동네, 가끔 부부싸움을 하는 소리가 들리고, 술에 취한 사람이 '번지 없는 주막' 노래나 '천등산 박달재' 노래를 혀꼬부라진 소리로 부르며 지나가는 동네, 그러면 개들이 멍멍 짖고, 누군가 창틀을 딱 하고 부딪쳐 창문 여는 소리가 들리는 곳이 골목의 생활구조라 할 수 있습니다. 가끔 부침개 부치는 소리가 담을 넘고, 고등어 굽는 냄새가 고픈 배를 더 고프게 하는 동네…. 비 오는 날 국수 삶은 집의 멸치육수 냄새에 빨리 집에 들어가고 싶은 동네가 골목이 아닐까요? 골목이란 말만 들어도 저 많은 생각들이 떠오릅니다. 대

단한 도시서민의 상징입니다.

　문모근 시인은 이 시 골목에서 사람을 들이지 않습니다. 인적이라 봐야 고작 "고물 수집 차량의 확성기에서 늘어진 / 테이프 맥없는 목소리"뿐이고 신축공사장과 옥수숫대, 호박잎, 잠자리, 해그림자, 개미행렬, 고양이 등이 골목을 이루는 주인공들입니다. 왜 이런 시를 썼을까요? 그것은 문모근 시인이 시적 표현에 있어 무의미의 의미심장함을 알기 때문입니다. 시에 있어 주장은 이데올로기입니다. 시는 이념을 추종하지 않습니다. 시는 훈계나 교육이 아니며 더욱이 계몽도 아닙니다. 문모근 시인의 이 시 골목에 등장하는 사물에는 모두 대상이 숨겨져 있습니다. '맥 없는 테이프'는 실물경기이고 '신축공사장'은 경기가 좋아질 것에 대한 기대감이며 '옥수숫대'는 희망, '호박잎'은 고향, '잠자리'는 유년, '해그림자'는 그리움, '개미행렬'은 서민, '고양이'는 이방인 혹은 관찰자로 문 시인은 사람을 들여놓지 않고도 충분히 사람 사는 이야기를 하고 있는 것입니다.

이른 아침에
농협사거리를 지나다 보면
가끔 구수한 냄새가 발목을 잡는다

크림 채소 고기가 들어있는 것
구운 것과 튀긴 것
부드러운 것과 덜 부드러운 것
큰 빵 작은 빵 더 작은 빵

빵 맛은 주관主觀이다
배고픈 사람
식욕이 왕성한 사람
입맛이 없는 사람

빵을 쉽게 먹을 수는 없을까
없다
빵은 진실이고
빵은 거짓이다

　　- 엄의현 「농협사거리를 지나다 보면」 전문, 시집 『언어는 왜 돌아오는가』 (문학공원)

　　대한민국의 모든 고장에는 농협이 있고 그 근처에 사거리가 있습니다. 이를테면 농협사거리는 영월군에만 있는 것이 아니라 우리 마음속에 있는 고향 번화가의 상징입니다. 빵은 밥에 대비되는 개념으로 서양과 동양, 신문물과 구습, 어른과 젊은이로 상징됩니다. 농협은 고향, 서정, 어머니의 상징을 가진 반면에 빵집은 도시, 서사, 소녀의 상징을 지녔습니다. 영월 농협사거리 근처에 제과점이 있는 것 같습니다. 그 제과점에서 빵을 굽는 냄새는 어른이든 아이든, 남자든 여자든지 간에 발길을 이끌게 마련입니다. 엄 시인은 "빵은 진실이고 / 빵은 거짓이다"라고 말합니다. 우리나라에서도 뮤지컬로 큰 흥행을 거둔 바 있는 '레미제라블'의 주인공 장발장은 빵을 훔친 죄로 19년의 감옥생활을 해야만 했습니다. 배가 고파 빵을 훔친 죄는 죄인가요? 배고픔은 진실이고 죄는 거짓입니다. 밀가루 반죽은 진실이고 빵을 부풀리는 이스트는 거짓입니다. 한국 사람에게 있어 밥은 진실이고 빵은 거짓입니다. 그러나 우리는 불을 때서 가열해 밥을 짓고, 반찬을 만들어야 먹을 수 있는 밥을 밀어내고 손쉽게 먹을 수 있는 우유와 빵을 택하기도 합니다. 반찬 없이 물만 있어도 먹을 수 있는 빵은 그 속에 든 설탕 성분이 당뇨를 일으키게 하는 주범이 되기도 하니 거짓이라 해도 틀린 말이 아닙니다. 한국 사람이 밥은 삼시세끼 먹을 수 있지만 빵만으로 살 사람은 없는 것 같습니다. 따라서 한국 사람에게 빵은 위선이고 가식행위입니다. 우리가 중고등학교 시절에는 빵집에 가는 것이 큰 낭만이었고 소망이었습니다. 빵집에서 여학생과의 데이트는 우리들의 소원 같은 것이었습니다. 크리스마스 때면 으레 캐럴송이 흐르는 빵집 앞을 서성이기도 했습니다. 빵만으로 살 수 없다는 말은 짐승처럼 먹는 것으로 만족할 수 없고 문화가 있어야 한다는 말로 상징됩니다.

대변항의 배에 죽음이 가득하다

그물에 목을 매단 죽음 앞에 슬픔보다는 웃음이 시끄럽다
어여샤 어여샤
어부들의 힘찬 손놀림에 죽음이 하나둘 뒹굴고 있다
피 비린내 바다에 가득하다
투박한 갯사람들의 외침이 항구를 출렁이게 할 때
죽음을 실은 트럭이 핏물을 흘리며 무거운 발걸음을 움직인다

싱싱한 대변멸치 왔습니다
멸치젓 담으소

숨통 끊어진 채 굵은 천일염으로 버무려진 죽음들
양철동이 속에 묻혀 두꺼운 비닐 속에서 익어가며
멸치가 시끌벅적 대변항의 새벽을 열고 있다

멸치 담으소
싱싱한 대변 멸치 담으소

— 정종복 「멸치젓갈」 전문, 시집 『제발 티브이 좀 꺼요』 (문학공원)

대변항은 부산시 기장군 대변리에 있는 항구입니다. 그곳에서는 해마다 4월이면 기장멸치 축제가 열립니다. 정종복 시인은 현재 기장군수로 근무하고 있습니다. 정종복 시인은 이 시에서 상징을 통한 지역과 특산물 홍보라는 두 마리 토끼를 잡고 있습니다. 이형기 시인은 상징에 대하여 설명하기를 '돈은 종이거나 쇠붙이지만 경제적 가치를 대신한다.'고 말합니다. 돈이 경제적 가치의 상징이 아니라면 아무도 돈과 물건을 바꾸지 않을 것입니다. 대변항은 기장군을 대표

하는 지역적 상징이고, 기장멸치 역시 기장군을 대표하는 특산품의 상징입니다. 이형기 시인은 또 "오직 인간만이 상징을 만듭니다. 인간은 그 상징 속에서 살고 있다."고 말하고 있습니다. 그래서 독일의 철학자 카서러는 인간을 '상징적 동물'이라고 규정한 바 있습니다. 시에 있어 상징은 중요한 요소입니다. 그러나 상징은 시대와 국가에 따라서 변화하기도 합니다. 과거에는 비둘기는 평화의 상징이었습니다. 그러나 지금은 도시빈민의 상징이 되었습니다. 우리나라에서 까치는 길조로 여겨왔습니다. 그래서 설날 노래에도 "까치 까치 설날은 어저께고요, 우리 우리 설날은 오늘이래요."라는 노래를 부르기도 했습니다. 그만큼 까치는 상서로운 길조로 여겨왔습니다. 그런데 과수농업이 성행하던 유럽에서는 까치를 흉조로 여겼었습니다. 우리도 지방마다 과일 농사가 성행하는 요즘은 까치를 흉조로 여기고 있습니다. 그렇게 변화하는 상징일지라도 지역만큼은 상징의 의미가 잘 변하지 않습니다. 대변항이 기장군의 상징이고, 기장멸치가 대변항의 변하지 않는 상징이듯이 정종복 시인 역시 기장군의 일꾼이요 리더로서의 상징은 변하지 않을 것입니다.

문학공원 이론서

시창작교재

즐기며 받아쓰는 詩창작법

초판 발행일   2021년 03월 10일
재판 발행일   2022년 09월 10일
3 판 발행일   2025년 02월 25일

지은이 : 김순진
펴낸이 : 김순진
편집장 : 전하라
디자인 : 김초롱
펴낸곳 : 도서출판 문학공원
등 록 : 2004년 3월 9일 제6-706호
주 소 : (우편번호 03382)서울 은평구 통일로 633
         녹번오피스텔 501호 스토리문학사
전 화 : 02-2234-1666
팩 스 : 02-2236-1666
홈페이지 : https://blog.naver.com/ksj5562
이메일 : 4615562@hanmailnet

2025ⓒ김순진

파손된 책은 바꿔드립니다.